엔진소리 뒤에 숨다

이남근 시집

시와
사람

엔진소리 뒤에 숨다

2025년 4월 10일 인쇄
2025년 4월 15일 발행

지은이 이남근

펴낸이 강경호 편집장 강나루 디자인 정찬애
펴낸곳 도서출판 시와사람
등록 1994년 6월 10일 제 05-01-0155호
주소 광주시 동구 양림로119번길 21-1(학동)
전화 (062)224-5319   E-mail jcapoet@hanmail.net

ISBN 978-89-5665-761-5   03810

값 12,000원

*잘못된 책은 구입하신 서점에서 바꾸어 드립니다.
*지은이와의 협의로 인지를 붙이지 않습니다.

이 도서의 국립중앙도서관 출판예정도서목록(CIP)은
서지정보유통지원시스템 홈페이지(http://seoji.nl.go.kr)와
국가자료종합목록 구축시스템(http://kolis-net.nl.go.kr)에서
이용하실 수 있습니다.

엔진소리 뒤에 숨다

ⓒ 이남근, 2025
이 책의 저작권은 저자에게 있습니다.
저작권에 의해 보호를 받는 저작물이므로
출판사와 저자의 허락 없이 무단 전재와 복제를 금합니다.

■ 시인의 말

 지난 수십 년 동안 나는 인간이 소유한 언어는 내재적인 능력을 드러내는 형식적이고 합리적인 거의 유일한 통로라고 생각해 왔다. 이 같은 생각은 직업을 넘어 이 시간까지도 나를 보토하고 빚어가고 있다고 생각한다.
 지금도 지구본처럼 그 궤도를 운항 중이지만 한동안 청맹과니처럼 지내면서 가슴속에 피어난 무지개 같은 환상을 내 일상처럼 열어서 이들과도 맛이 들도록 어울려야겠다. 아직 내가 통과해야 할 동굴의 길이는 알 수 없지만 그 어둠에서 더 많은 방황을 거듭할 것이다.
 이번 시집이 네 번째의 외출이다. 이만큼 비운다는 사실만으로도 큰일이나 이룬 것처럼 마냥 후련하다. 모두에게 감사드린다.

고향 땅 천관산을 생각하며
이남근 삼가

엔진소리 뒤에 숨다 / 차례

시인의 말 · 7

제1부 나의 봄

16   나의 봄
17   꽃잎들의 일출
18   엔진소리 뒤에 숨다
20   나뭇잎을 생각하며
22   깨달음을 보다
23   세월
24   폭우
25   아, 봄인가
26   꽃샘추위를 만나다
28   젖은 슬픔
29   우듬지의 키
30   이른 봄
32   소나기 앞에서
33   떠돌이 구름
34   베틀 각인
36   해안을 걷다

제2부 소리가 꽃일 때

소리가 꽃일 때 38
비 오는 밤 39
이상 기후 40
마로니에 가을 42
동물 왕국 43
숨은 바람 44
낯선 외계인 46
말타기 48
넘치는 비망록 50
바람개비 52
어느 시소 53
존재의 불안 54
가을이슬 56
허수아비 57
가을 석양 58
자연 방정식 59
늦가을 창가 60
눈송이 허공 61

제3부 어느 감각에게

- 64 어느 감각에게
- 65 생존
- 66 빈손 바닥
- 68 낙엽 밟으며
- 69 당신의 낙엽
- 70 점(•)은
- 71 멈춤에서
- 72 나를 위한 반댓말
- 74 촛불
- 76 결국엔 천국
- 78 나도 사람이니까
- 80 틈
- 82 나의 파도는
- 83 흐르는 꽃
- 84 그대를 어찌 부를까
- 86 일상에서
- 88 그릇
- 89 허무

제4부 강아지풀

강아지풀 92
잡풀 93
창고 깊은 집 94
할아버지의 추석 96
고향 어느 곳 98
술래는 무서워도 99
너와 나의 자장가 100
베란다 화원 102
금붕어 되어 104
나무와 소 106
눈 내린 시장 108
눈 덮인 뜰에서 109
연두에게 안부하다 110
설국 112
그날은 113
입춘무렵 114
물안개 115

평설

116 틈새를 열고 세상을 읽다 / 김종

엔진소리 뒤에 숨다

제1부

나의 봄

나의 봄

시샘하는 목련의 눈초리가
꽃잎들 떨구게 한다

개나리 노란 붓끝이
연둣빛 설렘 마구 그렸지

봄비에 몸 푼 벚꽃들이
썻김굿 장단 두들기다가
파충류로 범벅이 된 날씨 따라
어느새 새순 기르느라
여기도 저기도 요란스러워졌다

언제나 동그란 집 짓고
가슴에 해와 달 안아보고

두근거리는 기억으로 다가오는
한바탕 불꽃놀이가 있어
숲속에 풀어놓은 나의 풍물놀이는
노래나 춤이 없어도 좋다

꽃잎들의 일출

대꾸 없이 돋아난

풀잎들이

꽃잎들을 이웃하여

바람에 흔들리거나

꽃 진 자리 씻어내고

어린아이 이빨처럼

돋아난 쟁반만 한 태양

유리창은 일도 없이

아침마다 꺼내온다

엔진소리 뒤에 숨다

엔진소리가 대양의 물처럼
온 세상을 주름주름 파도치고 있다
어둠을 덮고 뒷걸음치는 바다
눈빛이 게 구멍으로 기어들어가
조개들 사그락거리고
잔 여울에 입 벌린 망둥이들만
즐겁다 뛰거나 팔딱인다

희미한 시력에 기침하는 노인들
뚫린 바람에 창문이 덜렁거리고
새어 나온 구멍에 바람만 가득하여
자꾸만 지난날을 뒤돌아본다

엔진소리가 숨 고르는 시간에
기지개 켜는 나뭇가지마다
새들도 엔진을 닮아 소란스럽다
그래 그 아침이 잠을 깨고
엔진소리에 묻혀서 도착한 것이다

간밤의 술기운이 멍때리고

마냥 꿈속인 양 허둥대는 사람들이
삶의 고단함을 안개처럼 걷어내고
엔진소리를 일으켜 달리는 모습은
파도의 음악 소리처럼 즐겁다 하겠고
새로운 빛이 군중처럼 다가오는
엔진소리 뒤에서 아침을 맞곤 하였다

나뭇잎을 생각하며

어떤 수식어도 하이에나처럼
잔인하거나 낯선 것들 뿐이어서
메마른 광야에 나가
파쇄해야 하는 자갈이라도
쇠꼬챙이로 무두질하는 그런 일이었다

귀찮은 일을 쓸어내릴라치면
한줄기 소낙비라도 쏟아져야 하고
조각상처럼 굳어진 고해성사가 필요하고
그럴 때 어깨는 흐물거리는 아메바가 되어

덤빌수록 헤어나지 못한 미로에서
북장구처럼 햇살 두들겨가며
생각 그 뒷자리엔
불안감이 이리떼처럼 엄습하곤 한다
하염없이 뿌린 소금 같은 미소
역겨웠는지 곁에 선 나무들이
연신 헛기침을 한다

나무는 누구에게나 무표정하다

소낙비는 언제나 무자비하다
나뭇잎은 매 순간 소낙비를 부르고
그래서 모성이 가득한 산천은 싱그럽다

심장이 멈춘 다음 세상은 어둡다
난타 리듬을 따라 대지는 춤춘다
그 표면을 두들겨가며
스멀스멀 손 흔드는 윤슬의 웃음이여

어둠의 내면 깊숙이 강물이 누웠다
누룩처럼 아무렇게나 잎새는 뒹굴고
어제는 오늘을 흐르는 물길일 뿐
꽃가루 뿌리는 사이사이 은하수가 돋았다

깨달음을 보다

그림자에게는

풀기 어려운

숙제가

수준 높은

곳에서

내려다보다가

그만

들키고 말았다

세월

추억에 젖어
낭만처럼
청춘 만나러 거닌다

늙수그레한
주름살투성이
헝클어진 머리카락
볼그레한 살결
생기 있는 차림
어떤가 하여

그 많은 달빛에도
물들지 않고
너와 나의 어깨 위
일삼아 여행 삼아
오래 거닌다

폭우

불안한 상황이 아니라도
튀어 나온 연민은
언제나
스며 나온 무의식이어서

잠 못 이루는 그것들
소낙비에 가슴이 젖듯

삼라만상이
긴장하건만

흠뻑 젖은 하늘도
퉁퉁 불어
계속 무너지고
찢어지는가 보다

아, 봄인가

깊고 너른 바다 속
바람 타고 오는 소식 듣자고
파도는 연이어 달려가 부딪치고

나무들의 심장에서
꾸역꾸역
기어 나온 사람들

볼그레한 유리창에
바람은 갸우뚱
신록에 쓰러져
몸살로 잠꼬대하고

별안간
안절부절 못한 뒤뜰
고개 돌려 바라보니
튀어 오르는 물방울 소란스럽다

꽃샘추위를 만나다

일찍 핀 매화가 옹기종기
찬바람 앞에 모여 있다
우수가 지났는데도 추위는
더욱 맹렬하게 엄위하는가 보다
당분간은 풀꽃들이 웅숭거릴 테고
시린 손들이 울력 나와
산모퉁이 돌아다니며 부산 떨 것이다

멀쑥하게 도열한 메타세콰이아도
잎새를 내밀지 못하고 서성이는 시간
하늘은 비라도 뿌려댈 심산인지
매서운 바람을 좌우로 휘저으며
하늘이 자꾸만 찌뿌둥해진다

저 가물거리는 한 모금 햇볕에도
바위는 방패처럼 산천초목을 막아서고
올려세우다가 부대끼는
결기 같은 것이 가로수로 서 있다가

두꺼운 외투와 털모자로

잠깐의 추위에도 얼굴을 감춘
내 얍삽한 옷차림과 인심
잔뜩 겁을 먹은 저들 추위에
차라리 나오지 말 걸 그랬다 할까

자꾸 저어하는 것만 같아
바깥공기를 상대로 심호흡 중이다.

젖은 슬픔

꽃잎은 봄비에 젖어
너른 바닥 멀리 쓸려 나갔다

밟히고 밟힌 땅은
언제나 벌레들이 모여 있었고
눈알들이 옹기종기
집 짓는 곳

손가락 건 사랑에 피어난 꽃잎들
간밤에 봄비 내리고
뒤집어쓴 천막 거두고
훗날 위로하는 벅찬 슬픔에

잊어야 할 이별가 하나씩 부르고
심장 위주로 꽃은 피고 또 피건만
앞뜰 은사시나무엔
오늘도 손님처럼 까치가 날아왔다.

우듬지의 키

높은 데로 물이 흐르고
높은 만큼
더 깊은 필력으로
나무는
우듬지 키 늘린다

호숫가 거닐다
발걸음이 닿는 것들

낮은 모습으로
깊은 곳 은하수
마음 깊이
반짝이고 있어서

호수는
언제나 창공처럼
우듬지를 키운다

이른 봄

수줍은 미소로
불쑥 속살 드러낸
산수유가
이 계절
가스 불처럼 뜨겁다

허기에 찬 일벌들
초대한 만찬장일까
노련한 나무들은
틈새 노려
젖 주고 있다

꼬막 손 잎새들이
녹여낸 잔설
목 축이는
감로수로 바꾼다

침대에 누우니
살얼음 건너는
도랑물 소리가

꿈속에 아련하다

떠올린 추억은
파고들수록
점입가경이고
겨운 정 오롯이
얄밉기만 하다

소나기 앞에서

지구 어느 모퉁이에서
목이 찢어져라
울어대는 매미 소리

불구덩이 사이에 두고
기진맥진한 나무들
분수는 더욱 힘차게 솟구치는 계절

태양마저 무력해져
산그늘도
아스팔트처럼 녹진하게 누웠다

이럴 땐 지나가는
소나기 한 줄 금
삼라만상이 이 같은 바람인 게다

떠돌이 구름

무성한 나무들 보며
쓸쓸하지는 않지만

머리 푼 기억들은
연기로 피어오르고

찬 바람에 사포질하는
두리번두리번
속마음

추억 찾기에
여념 없이
긴 숨 내쉬는
외로운 이방인

슬픈 듯 허공 한 곳
떠 있는 무인도
기다림은 늘
낮달처럼 외롭다

베틀 각인

피륙처럼 직조되는 순간이 있다
게으른 자연이 더욱 경이롭다

아름다운 색채와 향기 앞에
어찌 비밀을 이야기로 짜 올리랴
너와 나의 별자리는 한낱 수수께끼일 뿐
시퍼런 가시의 힘으로 터트린
실타래처럼 풀리지 않은 한자리가
벌 나비 배달하는 사랑의 시간이었다

시간은 지나가도 피어나는 꽃잎들
여백은 여전하고
한참만에 대화 속에 침묵이 등장한다
웃음과 눈물, 긁힘과 찍힘이
따스한 품으로 안내되고 있을 때

베틀 북의 요란한 왕복은
신비를 짜 올린 얼룩무늬 피륙이거니
그림자를 펼쳐서 짜 늘인 탄성이
이내 빛이 나고

비밀의 속삭임에 최면 걸린 자들
수캐처럼 헐떡이는 손들이
가벼운 발걸음에도 넘어지거나 비틀거린다

새치를 뽑듯
전하지 못한 전설을 뽑아내고
가벼운 공간에 걸친 태피스트리는
풀리지 않는 삶의 의미를
올록볼록 요철로 각인하거나 직조하고 있다

해안을 걷다

검은 파도 구겨진 속으로
손 떠난 생각들이 달려 나오고

화석이 피는 등꽃이면
모래 위에 옮겨서 지워버리고
유리 상자에 담아둔 희미한 추억들

물정 모르는 나뭇가지 사이로
그림자처럼 흔들리는 파란 바람이
별들 날리는 새무리처럼
자꾸 하늘 위 맴돈다 싶더니

자유롭게 나는 갈매기들
굽은 길에서 어리둥절해도
은빛 비늘 햇살에 곧은 길은
영문도 모른 채 인사를 한다

너울너울 춤사위 수놓으며
휘어진 발걸음이 세월보다 빠르다

제2부

소리가 꽃일 때

소리가 꽃일 때

너와 나는
소리에 익숙하고
약속은
늘 새롭다

낯선 것은
때로
익숙함이어서
새로움에
꽃잎처럼 펼친다

너와 나는
익숙하고
꽃 피는 것은
놀랍다

소리 없는 새로움
듣고 배운
또 하나의 약속일 뿐

비 오는 밤

달빛은 언제나 저리 축축했을까
달밤인데 비가 자주 내린다

생각이 한사코 시간을 붙잡고
어둠 속에 갇힌 내 꼴이
실타래처럼 엉망이 되어
부드럽게 부드럽게 젖어 내리는 시간
속삭이듯 이야기가 듣고 싶다

도시에 달려 나온 파도 소리들
갇힌 빛과 액체들이 만화경에 흘러서
허우적거리면서 씻어지는
저 심포니는 은은한 금빛이다

꿈속에서 연주되는 자장가를 포옹하고
베개 삼은 슬픔을 빗방울에 올려서
너울너울 손잡고 춤추려 한다

이상 기후

이 가을의 길목에는
진달래가 피어 있고
목련꽃 망울이 한세상이다

알밤이나 도토리들이
야만의 골짜기 빠져 나와
어쩔 줄 몰랐다 한
이방인 곁에
슬픈 나무들을 세웠다

바위처럼 살아온 우리 시대의 계절
시험지 답안대로 제출하지 않고
차가운 돌멩이마저
동화 속 주인공처럼
뒤죽박죽 순진하기 어린애 같다

시장통 거리에 활기 사라지고
들이킨 한숨 소리 헐떡이며
잔칫집에서 들리는 곡소리
울음소리 따윈 잊어먹고 지내지만

어찌할 건지 모르겠다며
이 말짱한 한 여름의 놀이터에
왁자지껄한 아이들 목소리만 살아남아
오늘도 어제처럼
온 세상 덮어버릴 듯 눈이 내린다

마로니에 가을

병법 속 칠엽수 방패로
태양에게 대들었던 이 가을의 싸움터
고뇌에 찬 모습은 지금부터다

툭툭 자꾸만 떨어지는 잎새들
사지 늘어진 날씨가 그늘마저
두둥실 떨쳐 보인 계절
옷 벗은 하늘이 다가오고 있다

낙엽들이 수런대는 공원 벤치
휑한 눈동자에
긴 한숨 밀려든 고백이 서러워
가을 길에 낮달은 드론을 띄운다

지난 시간은 푸르디푸른 강물일 뿐
고문이 희망을 버릴 때
불타서 번진 젖은 잎새들
한 가닥 욕망마저 붉게 얼룩져
달은 차고 별이 영그는 그리움의 시간
두고 온 가슴이 허공 가득 속살거린다

동물 왕국

  표범이 임팔라 한 마리의 목덜미를 물고 나무 위로 가져가려는 순간 리카온 무리가 표범의 먹이를 가로챈다. 잠깐 동안의 일이다. 다급한 표범의 비상작전은 나무 위로 일시 몸을 숨기고 임팔라를 횡재한 리카온 무리를 향해 일전을 포효한다 어디선가 피 향내를 맡은 하이에나 두 마리가 나타난 것은 그 순간이었다. 무참하게 리카온 무리를 따돌리고 행복하게 허기를 채우는 낯선 하이에나 무리가 염치없이 끼어든 것도 부족했다 싶었던지 하이에나가 피 묻은 이빨로 으르렁거리는 품이 용감무쌍하다 못해 무모하다

  나무 위로 피신한 표범을 닭 쫓던 개 지붕 쳐다보듯
  하늘 멀리 더 멀리까지 바라만 보고 있을 때

  저들의 작전과 잔인성이 무섭기만 했던지
  핏기 잃은 굳은 표정의 소년은
  슬픈 모습을 하고 어쩔 줄 몰라는 소녀에게서
  유혹에 빠진 이브의 TV 화면이 야속하기도 한가 보다

숨은 바람

주변은 늘 바람으로
꽉 차 있다

나뭇가지 흔들고
바윗돌 후려쳐서
호수의 풀꽃들
눈멀게 하고

그러고도
오지 않는 바람이 있어
지나가는
바람 불러
가슴 설렌다

불어오는 바람은
더 이상
바람이 아니다

가을 마루에 걸터앉아
나는

숨은 바람의 귀 빌려
갈대 소리 듣는다

낯선 외계인

난 아무것도 모른다
내가 이곳에 왔거나 사는 건
무턱대고 정착한
어느 날부터의 일이었다

경험하지 못한 것은 언제나 낯설었다
언어로만 존재할 불가해한 것들 뿐이었다
바벨탑이 하늘 높이 올라가는 날도
더 이상의 깃발은 게양할 수 없었다

과거도 미래도 온몸으로 막아섰다
오늘도 우리는 지구를 방황한다

설상가상 UFO를 타고 허공을 항해하는
또 다른 곳에서 외계인이 되려는지
아니면 내 몸 같은 이웃을 만나
언제 이곳에 올지도 모른다 싶었는지

연두부 같은 생각들은 바지랑대에 걸어두고
단단한 거북껍질로 만든

빈 그릇 달랑 매달아 둔 허리춤에서

허둥대는 그 무엇이 있다
그것은 다름 아닌
씨앗처럼 익어가는 허상의 시간이고
신기루 무늬로도 피어나는 외계였어

씨앗처럼 싹터 오른 기억의 둘레마다
그릇처럼 놓인 미래는 계속 싹틔울 수 있었다
이곳은 언제나 UFO가 제공한 세계일 뿐이니까

말타기

영국 왕실 기마병처럼
멋진 말에 올라 달리고 싶었다

수없이 내리치는 채찍질과
엿 바꿔먹은 배고픔
조련한 말 보며 참아냈을 뿐

어렵사리 올라탄 말 등허리에
무섭고 불편한 것들이 무수히 많았다
몸은 높다지만 세상은 한가했다
말안장에 휘어진 팔부능선의 가랑이
의자 대고 앉은 책상이 원망스러웠고
처음부터 고삐 쥔 손은 묶여 있었다

달리려는 자 말 등에 올라타라
이윽고 바라본 허수아비 두고
방향도 모르고 춤추건만
나풀거리는 머리카락 사이로
떠 있는 억새 구름만 쓸쓸했다

혜성처럼 다가온
이상한 말발굽 소리
신비스러운 눈망울에 훌쩍 뛰어오르니
말안장은 폭신하고
서투른 솜씨에도 말이 온순하여
두 발로 차는 내 실핏줄 박동이
파도처럼 굽이치고

산뜻한 유레카 소리 들어가며
번갯불에 콩 볶듯 잡아당긴 고삐만큼
세상은 달려나갈 수 있었고
지평선 멀리 구름들이 누웠다

넘치는 비망록

마치 무중력 상태의 진공관처럼
시간은 살아 있어도 맥박을 모르지

천재 바보처럼 히쭉거리는
당신의 시간부터 엿보기로 했다
넘치게 일렁거리는 긴장감만
잠길 것 같은 시공이 뭐 그리 대수라던가

먼지는 쌓이는 즉시
시간을 넘어 돌멩이로 남는다

기다림도 가늘어져 숨소리만 남는다
햇빛 하나 남기지 않는 어둠이
간헐적으로 돌멩이를 굴리는 시간이다

소금으로 절인 물길을 내고
짜디짠 기억들이 지나고 있다
가지마다 눈 뜬 것은 바람 뿐이고
후회도 기쁨도 아닌 이곳
불럭 놀이하던 고향이 가까이 있다

아무렴 지옥에나 가자 했는데
미라처럼 말라서 푸석거리는 기억이면
시간은 언제라도 저장식품을 닮았다

눈물이 된 순간순간들
지금 내 가슴은 누구보다 뜨겁다

바람개비

바람개비 돌고 돈다
노란 얼굴 꽃잎 열어 활짝 웃는다
야, 이것들 봐라
돌면 돌수록 신이 나는 세상이네

나는 지금 누구를 돌리는 걸까
아니다 아니다 아니다
나는 누구의 바람을 돌리고 있는 걸까

돌아야 바람개비라면
바람개비에게 바람은 무엇이 될까

바람개비는 바람 만나
바람개비가 되었다
바람은 바람일 따름
바람개비를 만나
날개 달린 사랑 돌리는 중이다

어느 시소

나무 몇 그루 하늘에 심고
하늘 한 조각
천평저울에 올리고

허공에 모자이크 깔아
양탄자처럼 펼쳐 보았다

나무들이 뜀뛰기 하는 시간
건물은 기울어지고
새들과 경주하던 지렁이는
평면이 된 땅을 밟아 키질하고
풀 이삭이 길 만든 여행에서

선 위에 앉아 오르내린 하늘은
아무도 걷지 못한
위험한 경계라 하겠기에

천국 여행은 말할 수 없어도
어느 성자의 무아경이
사람사람 상대하여 이만하다 할까

존재의 불안

흰 눈이 덧칠해버린
세상은 백지다

다시 오른 뒷산은
눈들이 녹아
고해성사하는 기도처럼
질퍽거리고 녹진하다

안절부절 못해
질주와 굉음이
웅크린 가로수 사이
무표정하게
떠다니는 분진 보면

우리가 자꾸
무엇으로 불안한지
금방 알아차릴 수 있다

하얀 대지에는
그리움과 목마름만 가득하다

별들이 돋아나고
선지자처럼
세상 바라보는 시간

아이가 날린 비눗방울처럼
아슬아슬 가뿐가뿐
비행기처럼 백지 타고
어딘가 날고 있다

가을이슬

입맛으로 넘실대는 들녘
그 황홀함이
오병이어의 그림자에 비길까
이삭 줍는 세상
남겨진 빵부스러기
이 계절의 입맞춤이 가장 가깝다

눈물이 피땀을 만나고 있다
포만에 만족한 망나니나
배고픔을 못 이기는 우두망찰은
나를 싫어하는 쓸쓸함이다
떠난다는 말보다 사랑한다는 말
가시면류관을 올리고 기도를 한다

낙엽 때문에 사그락거리는
사랑을 채우지 못한 고백
밟고 가는 것을 어찌 사랑이라 하랴
그렁그렁한 눈물로 달군 내 마음
벌판 가득 집 짓는 사람들이
햇살의 산란 위에 이야기로 뻗어간다

허수아비

경계 자르지 않고
실어오는 소식이나
오가는 대화에도
바람은 오만하고
이별은 이기적이다

밤이슬 초대하고
태양 받아들인다니
무슨 소린가

중상모략마저 삭일
엄청 깊고 푸른
사랑은 필요하다
죄스러운 모습으로
며칠 몇 날이고
들녘 길 거닐다가

기다림이 그리움으로
직조하는 하루하루
오직 기도 하나로
버티고 섰다

가을 석양

감나무가 바람을 불러
가지를 흔들자
잎사귀는 떨어지고
헐벗은 걸 어찌 알았는지
빨갛게 빨갛게
온몸이 수줍어 한다

민망했든지
석양도 곁에 와서
그림자 길게 늘이고
제 그림자 흔들던 감나무와 함께

스스로 흔들리는 것조차
경치를 구경하듯
저 먼 곳을 내려다보고 있었다

무형은 유형의 넋두리여서
소실점도 사라진 이 계절의 시간들이
장작더미처럼 한바탕 불타고 싶은가 보다

자연 방정식

삶에서 존재하는 숫자는 상수다
상수가 존재하는 한
미지수는 무한히 멀어지는 숫자일 뿐

내가 상수일 때 그대는 미지수였다
자연이 상수였을 때
나는 미지수로 재탄생했다

나와 자연은 네가 기억하는 상수였지만
하느님조차 이해하지 못하는 미지수다
그래서 하느님은 상수가 되시고
모든 미지수 구원하고 계신다

미지수가 없는 세상에서
하느님이 할 수 있는 일은
그 어디에 그 무엇도 없는 걸까

늦가을 창가

창 너머
공원 귀퉁이 카페에서
사그락사그락
눈 감고 속옷 벗는 나무들

근심 가득한 하늘이
무너진 듯 울상이고
절절한 속내 따윈 아랑곳없다

낙엽처럼 쓸어낸 슬픔의 자리
수캐들 달려들어 컹컹거리고

온기 잃은 커피마저 넋을 잃고
떨리는 첼로 소리에 심술부리듯
안달하는 카페 창문만
원망도 불평도 출렁거린다

눈송이 허공

밤 시간에 고요한 꿈
떠도는 것들
눈송이 날리는 중이다
한 송이 한 송이 수만 송이
시간의 품에 안기고 있다

세상에 달빛 녹이고
힘 모아 햇빛 깔고
어둠 밝힌 다음

연이어서 뒤뚱대는 팽귄처럼

날리는 눈송이마다
올리지 못한 이야기
부드럽게 속삭이며
속마음 태운 허공이 있다

제3부

어느 감각에게

어느 감각에게

산들바람이
장미 가지 흔들고 있다
볼에 닿은 입맞춤도
두 눈 감으면 감미롭다

말을 생략하고
촉각을 꺼내어
시계 옆에 세워둔
소리가 있어

우연히 돋아난 여린 잎에서
이동하는 거친 소음과
별들이 엿듣는 사랑의 봄은

굼벵이 재주넘듯이
늘상 우리네 양지 짝에 모여서
빙그레 웃을 뿐이다

생존

나는 지금
땅 위를 걷는지
하늘에 떠 있는지

오감으로 사는지
잠자듯 꿈꾸는지

즐기는지
감상하는지

생은 표현이라는
사실만 남아서

선과 선 사이에서
파닥거리는
날갯짓만 분주하다

빈손 바닥

보이지 않는 것을 보이는 것으로
서로가 서로에게 존재하면서
움직이는 것을 안 움직이는 것으로
너는 왜 그랬던 거니

서 있으면 발바닥에
바닥 하나가 더 눕는 등거리
강물 닮은 물이 흐르고
힘차게 내려가는 물살의 힘으로
늘상 천장 같은 바닥을 치리

위에서 보면 다다른 하늘
또 다른 모습으로 높이 자라서
밑자락은 한없이 깊다 하거니

내려가고 내려가도 끝은 있었고
표정 없이 다가가도
다른 표정에 멈추고야 마는

너만 모르는 빈손을 본다

그것은 항상
그 바보 같은 바닥을 보이는 거야

낙엽 밟으며

한 방울 온기마저 소진되어
전율하는 손짓의 엽록소
배우들 사이에서
사각사각 사아아각 사사가아악…
행진곡은 힘차게 흐르고

'시몬, 너는 좋으냐
어두운 지하 걸으며
낙엽 밟은 소리 듣는다'

버리지 못한 희망 위에
쓸쓸함이나 허전함 따윈
호사스러운 연민에 불과할 따름

탄생이나 변화의 사포질로
물줄기 힘찬 맥박이 뛰고
영혼처럼 자유로이 흐르거니

모성이 사랑이고 순교가 기쁨이면
백날이고 천날이고
무료한 사람들이 낙엽처럼 말라 간다

당신의 낙엽

온기가 차가워
지열 따라 내려온 낙엽
옷깃 여밀수록 발걸음 빨라지고
한 점 물기마저 사양한 생명
시간의 얼룩 위에 올려놓는다

그토록 펼쳐 보고 싶었던
당신의 기나긴 사연들
하나하나 기도처럼 두 손 모아 빚으며
바람불러 뒹구는 그림자이기에
희망의 갈피갈피
헛된 줄 알면서도

낙엽 밟으며
사랑의 무한궤도 달리면
열정은 때로 무참한 것
골똘히 기도하는 당신을 본다

점(•)은

점이 아닌 점으로
새소리 들리고
초목도 싱그럽고
하얀 눈이 아름답고

하늘은 높고
누운 땅은 넓다는 걸
나는 고민한다

점을 해체하니
숲이고 산이고
온통 쓰레기 더미
그리고 마을이다

단정한 저들은
시간 만나
움직이는 점을 이루고
나 또한 어쩔 수 없는
세월 태교하니
결국엔 삶도
하나의 점이었을 뿐

멈춤에서

삶은 간절하고
사랑은 멈칫거린다
멈춰 서다 달리다
바람 소릴 듣는다

새들이 둥지에서 노래하는 동안
나는 달려 다닌 바람 소리이고
나무들이 피돌기로 준비한 봄날이다
달도 별도 기다리는 시간이다

기차처럼 달리는 시간은
지금쯤
어디에서 강물이 되었을까

부동자세로 다가온 산맥들 사이에서
밤새워 엿듣는 그것들은
허공 떠돌던 손이 되어
서로에게 간절하다 못해 멈칫하다
달려가는 참 반가운 소식이다

나를 위한 반댓말

팻말 붙인 느티나무 곁에서
세상을 흔드는 건 그늘이다
그것 참으로 대단하다 하면서도
별것 아니라는 생각도 한다

그늘이나 그리는 하늘일 뿐
오직 하나뿐인 뿌리의 투지

세월을 빨래줄 삼아 널어둔 나이테
광대 노릇이나 하다가 춤추려던 찰나
유서 한 줄 같은 슬픔을 물처럼 받아내면

하늘 흐르는 파노라마를
어둠에 스미는 눈물이
색깔과 표정만 보이는 것은
아무리 뒤져도 어둠이 가득하다

시작에는 늘 끝이 보이지 않아
지난날처럼 물오르는 나무들
내미는 손길이 혹독하여

자꾸 그림자는 길어지고 있다

저 외로움을 나이테로 감아주랴
키가 큰 몸집의 그 무엇인들
나를 향한 너만의 외면이 아니라면
나를 위한 반대말은 그렇게 만들어졌다

촛불

장작불에 활활 타는 것은
빛살이 타는 몸일 거외다
검게 된 숯덩이는
별의 몸뚱이 일게다

어둠이 강할수록 촛불은 밝고
빛을 태우고 촛농은 굳어간다
번갯불에도 어둠은 타지 않고
적막 뚫고 다니는
눈치 빠른 불빛은
자꾸만 속내 흔들어 보인다

립스틱 짙게 바른 어둠의 형용이여
등대의 눈동자로 파도 잠재우며
신이 난 발걸음은 자랑하기 바쁘고

사랑하기에 사방을 두리번거리는 어둠

촛불이 타면 탈수록
어둠은 깊어가고

너의 웃음은 슬프다
타지 않은 어둠 곁으로 가서
멀리까지 흔들리는 나

결국엔 천국

머리는 성경 담고
가슴은
주님 모시고
하나 된 내외가
당신을 믿나이다

모든 이에게
공평한 천국
개개인에겐
함께 나누는 평화

한국도 미국도 이스라엘도…
감옥도 지옥도 연옥도… 아닌
창조주의 생명 창조가
어느 때나 가능하냐며
세월이 사람처럼
인기척 하는 나라

그곳에 가고 싶은 사람
번쩍 손들고

당장 가고 싶은 곳
어디라도 환영하는 사람

결론은 사람이고
자신인 듯
너와 내가 나서는 자리
결국엔 천국
사람은 많다

나도 사람이니까

사람이 철수라고는 말할 수 없어도
개개인을 철수라고 부를 수 있어서
철수란 이름은
어디든 무엇에든 붙일 수 있다

이상한 벌레들 놀려대기도 하고
휘어지는 대나무처럼
바람들 죄다 쓸어 담기도 하고

차디찬 총구로 들어가
때론 솟아오르기도 하고
어둠 빌려 태양을
지우개처럼 지워버리기도 한다

귀신이 아니라도 시간 농락하고
바윗돌이 휘돌아 날아다니는 것도
엎디어진 바다 깨우기 위해서다

돼지농장 앞에서
한사코 미루고 미룬 좋은 일마저

옹이 박힌 나무들이
저 잘난 가지들 자랑하고

물방울이 튀어 오르듯이
예측 못한 경이로움이 있어서

다행인지 불행인지
철수를 사람이라고 말할 수 있는
나도
엄동설한에 너울너울 날개 달고
춤추는 나비로 날아다니고 싶은 거다

틈

아이들은 어미의 자궁이 비좁다 하고
나그네는 흐르는 물에도 멱 감는 일이 없다
축구공은 운동장을 구르고 굴러도
끝날 줄 모르는 게임에 묶여 있고
그래서 그런다던가
불꽃 같은 그리움에 불랙홀만 가득하여
입 벌린 맨홀을 열어 허공의 배꼽 부근에
내가 들어설 틈은 있을까 하여
눈 씻고 찾아도 그 무엇도 없었다

여백이 문처럼 틈을 열어 주면
두 날개 활짝 창공 나는 새들
바람은 가슴 펴고 우주를 호흡하고
꽃들 곁에서 구경하던 사랑을
십자가처럼 가파른 골고다 언덕 오르다 말고
삐거덕 문처럼 열어 제쳐 주위사방을 본다

대체로 외로움은 광야에서 온다지만
흐르는 강물에도 외로움은 흐르는 것이어서
그리움 찾는 빗줄기 속 걷다 보면

틈 하나에 틈 사이로 드리운 세월은
그걸 그림자 같다 하거나 아니면
입에 틈을 문 꽃 같은 망부석이라 하다

나의 파도는

파도가 무성하게 부딪치는 해안가는
'철썩 우르르 쏴와 철처덕 철부덕'
멱살잡이와 주먹다짐이 아우성치고

세상을 감싸는 몽돌 해변에서는
슈베르트 자장가처럼
'수르르 짜르르르 수르르 짜르르르…'
숨이 숨이 넘는지도 모르겠다

긴 해거름으로 반짝이는 모래사장은
'사르르 쪼오옥 소곤소곤 쪼옥 욱신욱신…'
출렁출렁 뜨겁게 다가오고

사연 많은 사방천지 파도의 율동이
고집으로 몰려다니는 시간
무심한 외침은 들리지 않고
쫑긋한 뱃고동만 귓가에 만발했다

흐르는 꽃

탈출하기 위해 피는 것은
사랑이 아니라
사랑을 깨닫기 위해 피어나는 꽃

황진이가 벽계수를 시험했듯이
이도령이 춘향이의 옷고름 풀었듯이
평강공주와 온달이 지금까지 성공한 사랑
로미오와 쥴리엣은 만나서 비극을 쓰고
도스토예프스키와 바렌카 연서마저
사랑의 파노라마가 넘쳤다

우리에게 사랑은 그래도 꽃이다

날카로운 가시 부둥켜안고
피어나는 장미꽃
해와 달에 꽂아두고
가슴속에 길 내는 저 강물처럼
사랑은 뜨겁게도 흐르는 꽃이다

그대를 어찌 부를까

나를 부르는 시간에도
늘 물 한 방울이 갈급하다

수은주가 차가워지면
체온을 잃고
바람 난간에 기댄 사람
그림자도 숨이 차고
세월 기다리는 나그네라 하지

욕망이 얼룩으로 유리창에 내려앉아
잔뜩 낙서가 되고
가슴 가득 드리운 텅 빈 연민
추억이나 꺼낸 듯 흐느적거릴 때
그제서야 숨 고르며 다가온 그대

메마른 가지마다 둥지 틀어
흐느낌에 흐느낌을 올린다
하늘빛 우러른 세상이니
넘기는 책장마다 숨어버리곤 했다

걸음걸음 따라오는 바람의 시간
맨몸으로 마주한 자유가 있었다면
이름하여 그대를 낙엽이라 하자

일상에서

강물은 산을 오르고
구름은 바다로 간다

강물은 오르다 보면
하늘 높은
정상이 되고

살며시 내려와
바다 품속에
잠이 들다

오르는 만큼
내리다 보면
산과 바다가 생기고

가득 찬 비밀이
상자마다 쌓여

잔뜩 호기심
담은 판도라

지키는 제우스

버리지 못한 일과 속에
못다 한 사랑
지금 심호흡 중이다

그릇

맛 찾는 너는
나름대로 자존심 구기고
차가운 시선으로 배신당하고
가끔 기쁨에 달가닥거린다

가을이 익어가고
겨울이 매서워도
흙의 가슴앓이로
무성해지고
텅 비어가는 깊은 생각들
담아낼 의도는
늘 착잡한 심정이다

세월 따라 길 가는 나그네
허기 채울 심산으로
하루종일 망설이다가
꽉 찬 하늘 못 담아
허허로움에 어쩔 줄 모른다

허무

그림자는

바람이 되고 싶다

바람이

덤벼들어

나를 지운다

제4부

강아지풀

강아지풀

너른 하늘이 쓸쓸해질 즈음
안락의자 위에
파란 강아지풀 올려놓고 소년은
솜털 덩이 문지르듯 장난쳤지
연약한 저것들이
데굴거리는 자리마다
공간은 비좁아도 굼실대는 것이
재치에다 재미가 있고
은하철도 구구구처럼
시간 달리는 흔들림이
나도 모르게 춤추다 말고
눈가 스치는 바람 나른다
소년은 지켜보다 말고
심장 뛰던 우주 따라
살랑살랑 강아지풀 꼬리 사려
오늘 이 시간도
은밀히 시간 흔드는가 보다

잡풀

무시하기 보다는
아주 가꾸는 것이다

검은 손등으로
마시는 독배

아픈 맘으로
석양을 만나지만

오고야 마는
어둠이 있어

뽑히는 것은
양해사항보다는
품앗이라는
눈물이다

창고 깊은 집

숨 쉬는 집
그 집이 내 집이다
어두워도
창고처럼 깊이 잠들 수 있다

섬들이 모여 사는
우두망찰하는 바다 두고
악령처럼 춤추는 파도 위에
별들이 무차별로 속삭이고 있다
암흑 밝히는 등대라도 되려고
창고에 가득 별들 담았다

현란한 겉치레도 볼 만하여
수심이 깊어져 안절부절못하고
쏘아 올린 돌멩이는
한자리에 별처럼 뿌려지고

사랑이 되고 아수라가 되는
이 풍진세상의 몸부림
차곡차곡 쌓이던 장막의 비밀이

낯선 바람 소리 듣는 시간
동굴처럼 누워 창고 깊은 집이
노을 위에 저문다

할아버지의 추석

부족해도 풍년이어서
온전하게 떠오르는 추석 달이
마당 가득 넉넉히
기다림도 감사하고 행복하다네

요새 세상에는 살다 살다
아파트 건물 사이 비집고
천신만고 끝에 나타난 달이
신기하지도 않다
아스팔트 위 걷다 보면
조상보다 우선하여
쓴웃음도 눈물겹게 고맙다

아픈 팔다리 이끌고
정성껏 키운 고추 참깨 가지 등속
다랭이논 올벼 쌀까지 수확하여
피붙이 자손들 그림자라도
보부상처럼 나누고픈 간절한 추석 달

감사한 마음에 회색 도시 돌며

이제는 호들갑 사양하고
허우적거리는 발걸음은
아무래도 심상찮다

그대 마음 허전하고 쓸쓸할 때면
실핏줄에 흐르는 피붙이 사랑
성묘 다녀온 다음 날처럼
아직은
서늘한 가을바람이 살랑이는가 보다

고향 어느 곳

남서쪽 바다 가까운 곳
무탈하게 태어난 나는

서쪽에서 일출
동쪽에서 노을
보는 일이 많다

지금이 딱 그날이고
과거가 지금이거니

여기가 저기이고
저기가 여기이니

경로당은 젊은이
카페는 어르신이

여기저기 기웃거리며
울고 웃는다
때맞춰
꽃들이 피고 지듯이

술래는 무서워도

왁자지껄한 아이들의 술래놀이에
동네 어귀가 자꾸만 멀어지고
햇빛마저 침 삼키며 구경하고 있다

술래에게 들키지 않으려고
고래고래 소리 지르는 아이들
눈만 질끈 감아버린 짚더미 속
매달리기도 하고 달리기도 하고
엎드린 채 숨기도 하고
그러다가 동구 밖은
장승처럼 우뚝 서성이게 되고

밤하늘 은하수처럼 공간은 산뜻하고
사방천지가 갑자기 웅성거리는 중

숨죽여도 술래는 무섭다는데

오만 가지 꽃들이 피어날 이 지상은
날이 풀린 봄날처럼 분주한가 하면
마냥 따사롭고 마냥 자애롭다
그렇게 운명의 하루하루는 흘러갔다

너와 나의 자장가

아우성이 펄럭인다
윙윙대는 모기 초대하기는
모기장은 얼멍해도
작전이 치열하고
세상이 너무 촘촘하다

모기는 어제도 오늘도 게릴라다
어둠이 지친 시각 걱정하며
소리 죽여 까치발이 높이는 모깃불
중력 못 느낀 TV 속 배우들이
모기 잡는 연기 한다

터져 나오는 물뽕에
흐느적거리는 자장가 소리는
눈에 드는 시선 셔터 내리고
'closed' 팻말 걸어둔다

어딘가 찢어진 틈으로
물것들이 들어와 와글대는 꿈속엔
진지구축에 야단법석인

금 긋는 쇳소리만 구르고 있다

애꿎은 모깃불에 물 부어두고
자장가는
귓구멍 흐르는 잔물결이고
출입금지를 위해서
설치된 너와 나의 팻말이다

베란다 화원

아파트 베란다는 형형색색 화원이다
아내만의 공화국이다
춘란 행운목 제라늄 베고니아 고무나무 다육이…
피어나는 것들마다 하나같이 싱글거린다

아내의 애정 어린 부탁으로
가끔 나는
화초 같은 아내의 얼굴 보며
정성스레 손 분무를 거들곤 한다

물 마실 때 모두가 달라요
다육이는 목마름을 잘 견디고
난초들은 물 욕심은 별로인데
베고니아나 행운목은 물을 자주 마셔요
우리에게 고맙다고 한 아저씨보다
아주머니 배려가 세심해요
고충 이해하면서 대해 주니깐요

나는 얼굴에 물을 뿌리고
아내는 마음에 물을 준다

피어난 건강에 관심이 다르다

TV가 화초들이 차린 공화국을 열었다
세상은 보거나 가꿀수록 아름다워진다며

금붕어 되어

오늘도 나는
지구를 헤엄치는 한 마리 금붕어다
유람하듯 어디든 다니고
오고 가며 지나치는 사람
눈짓도 보내보고
맘에 든 사람 만나면
다가가 손잡아 동행도 하고
지구는 둥글기만 하여
나의 거처 삼기에는 더없이 좋은
어항의 하루가
오늘도 어제처럼 편안한 천국이다
유리 벽 하나만 세우면
나르시스트가 살아가기에 안성맞춤인
신경 쓰지 않아도
나 닮은 금붕어가 부지기수로 늘어나고
언젠가는 그 사랑으로 넘칠
어항 밖으로 쏟아지는 금붕어가 되더라도
가리지 않고 감싸주고 사랑해 주고
그러다가 드넓은 우주를 떠다니는
은하수보다 많은 별이 돋아나서

다른 어항 속 헤엄치는
금붕어가 되어 있으려나

나무와 소

달력 속에 숫자들이 찢어지고
직립한 나무에게 바람을 남발하면
거기에서 너덜거리는 내 몸은
뭇별들의 머리 머리를 세고 있는 중

숨 고르는 시간 탓하며
스스로가 하루살이로 살아간다면
햇살에 춤추는 나무들의 팔다리가
숨 쉬는 찰나 찰나마다
여기저기 물방울들이 매달려 있다

하루살이는 하루를 즐기고
나무처럼 우직한 직립으로 살아서
한시도 한눈팔지 않고 봉사하는 소

생명 없는 숫자들에 골몰하는
저 바람 소리는 무엇들의 표정인가

지금 우러르다 쏟아지는 저 하늘
은하수 촘촘한 별들이 나와

바다로 이어진 산맥이 되고
그걸 바라보느라 헤매는 시간엔
너와 나는 돌아갈 고향도 없다

간혹 브레이크 파열한 자동차처럼
질주하는 시간만을 붙잡는 일이
가슴에 무엇을 남길 것인가

사랑의 시간표는 현재만 존재할 뿐
하루살이가 아니면
나무처럼 키가 큰 인생살이가
소처럼 지금 여기 이렇게 묶여 있다네

눈 내린 시장

겨울의 숨결이 얼어 있다
차가운 공간은 은유마저 덧없고
어우러진 사람들 모두 춥다

그런데도 시장 골목은 눈송이들이
여기저기 이야기로 태어나고
초현실적인 몸짓으로
천지사방 날아다니며 춤춘다

눈송이가 편집한 춤사위는
고향 소식이 너울거리고
순간순간 꿈이 영글기도 한다

먹구름 사이로 은빛 햇살
얼굴 내밀다 보면
가난한 자의 등 다순 행복

미끈거리는 점포마다
날실 씨실이 짜 내린 이야기들이
도란도란 꽃향기 눈물겹다

눈 덮인 뜰에서

간밤에 흰 눈이 내려
미사포 쓴 창밖은
경건하고 순결하다

몇 마리 참새들이
귀엽게 포롱포롱 날고
강아지 두 마리는
목줄이 풀린 걸 아는지
제 세상 만난 듯

아직 면도칼 닮은 감각들
어안이 벙벙한데
순백의 말귀 알아차린 듯
누군가 다니라고
여기도 저기도
길 내기에 바쁘다

연두에게 안부하다

입춘 우수 춘분…
달력은 봄날 채비에 북새통이고
도시 외면한 연두의 절기
멀리서 봄이 오고 있네요

희멀건 시멘트벽에 부딪히는
낄낄대는 미세먼지와 바람의 비명소리
질주하는 차량들 아우성이 겹쳐
온통 검은 휘장이 가린 신작로에
멀뚱멀뚱 큰 키로 서 있는 전봇대

그나마 헐렁하고 기름진 오솔길에
가냘프게 연두는 돋아나고 있다

기다림에다 목마름에다
바람 따라 키 크는 두려움에
방황하는 시간은 휴식도 없이
무릎 세우지 못한 계절이라도
여린 오감 들어 주려는가

연두가 갈 길은 어디이던가

갑옷 입지 않고 연두로 자라야 하는
슬픈 봄 한 자락에는
비둘기처럼 회색 마천루가 비상할 차례다

설국

쓰레기통은 텅 비어있고
무표정한 각본마다
어둠은 하얗게 이야기 쌓는다

백지 한 장 펼쳐 들면
이 세상천지는 사뭇 넓어서
아무 데고 갈 수 있고
무엇이나 쓸 수가 있다

그리운 발자국 지울 수 있고
기지개 켜는 아침에도
엄마 품에서 눈 뜰 수 있다

그날은

온화한 햇살이 미소 보내오자
활기찬 신록이 바쁘게 왔고

파아란 하늘에 피어난 웃음소리
빠알간 장미가 시리도록 정겹다

잎새들이 팔 들어 조잘대는 길가
연초록 산들바람이 두리번거린다

네가 말한 그때 그날은
나의 지금보다 훨씬 바쁘겠지!

입춘무렵

눈이 소복이 쌓여도
눈동자는 놀라지 않는다

아직 봄이 왔다기엔
긴 밤의 흔들리는
창문이 수상하고

꽃눈 밀어 올리며
멈칫거리는 매화 가지
이 시간 개화를
준비하는지
바깥 풍경이 궁금하여

꼭꼭 닫아둔 커튼 젖히고
살며시
창문 밖 훔쳐본다

물안개

새벽안개 짙게 내린
산책길
실루엣처럼
이 세상 마음이 스며들고

시간 잃고 방황하는 발걸음이
빗물 같은 속삭임에
흠뻑 젖어서
언덕 너머 길 타고
찾아가는 곳

춤사위 얽히고설킨
숨소리 누르며
몽환적인 사람이 되어
숨 가빠지는
어딘가 오르고 있다

평설

틈새를 열고 세상을 읽다
- "소금에 절인 물길과 짜디짠 기억들"

김 종

(시인, 화가)

 어느 아동문학가는 "옹달샘이 산을 품을 수 있는 건 깊어서가 아니라 맑아서"라고 노래했다. '언어'라는 샘은 그만큼 맑고 밝고 웅숭깊어서 우주 만물을 담아내는 그릇으로써 부족함이 없다. 시인은 언어의 샘물을 따라 노래와 이야기를 앞세워 물이 흐르듯 자신이 꿈꾸는 세상을 향해 여행에 나서는 사람이다.

시대의 고단함을 깨우는 '엔진소리'

 시인은 바람이 나뭇가지를 흔들어 비를 부르고 나무를 키우듯 사물이 춤추는 저마다의 현장을 언어적 운용으로 자신이 의도한 세상이나 사물을 그림의 형태로 보여주는 사람이다. 요컨대 태초의 언어는 하나의 말에서 비롯되지만 시인이 존재하므로 사물과 동심 동체로 의미가 다기화한 것이다. 세월이 흐르면서 언어는 세속적인 일과 어울리게 되고 본래의 언어가 뜻하는 사물의 개별성과 고유성 위주로 그 모습을 바꾸어간 것이다. 그 결과로 시의 언어는 일상언어와 분리되는 처지가 되고 시인은 자신만의 언어를 조타하는 항해사로 하나의 말을 하나의 사물과 일치시키면서 원래대로의 복귀를 꿈꿀 수 있었다.

하이데거가 주장한 '시가 본래의 언어'란 것도 이에서 비롯된 것이며 최초의 언어는 시적이라는 말과 동의어로 이해해도 좋을 것이며 이의 연장 선상에서 일상언어로 나아갈 수도 있었다 할 것이다. 그러다 보니 시의 언어는 일상어가 다다르지 못한 언어 본래의 모습과 힘을 시적으로 회복하는 일에 참여하게 되고 언어의 순간순간이 시인의 개성에 맞추어지면서 사물에 내재된 의도를 표현할 수 있었다. 그런 의미에서 '시인은 숙명적으로 언어에 봉사하는 자'라고 한 옥타비오 파스의 말에 우리는 함유된 의미와 울림의 차원에서 동의하게 된다.

이것이 시인들이 지치지 않고 평생을 세상을 달리며 심미안으로 노래하는 까닭이다. 앞에서도 말했지만 시인은 본질에 있어서 샘물 같은 심성의 소유자이다. 그리고 시심에 심지를 박아 세상을 밝히는 등불을 들고 먼 여행에 오르는 나그네라 할까. 시인의 언어는 그런 의미에서 이 같은 과정을 통해 맑은 심신으로 세상의 구석구석에 흘러들고 접촉한 사물들을 갖가지 감동으로 안내하는 것이다.

거듭되지만 언어를 통한 시인의 심성에는 그늘지거나

외진 곳에 자리 잡은 여러 형태의 사물들에 염려와 긍휼을 담아 노래하거나 이야기를 들려주는 것이다. 우리네 세상이 별무신통이어도 시적 언어를 통해 의도한 대로 바꾸어가고 세상에 존재하는 여러 사물의 언어라는 그물망에 표착되어 변화의 이름으로 나아가는 것이다. 그런 의미에서 시인이 작정하고 발언한 것들은 꿈과 현실을 분간하기 어려울 때도 언어를 앞세워 넝쿨이나 강물의 형태로 현실이라는 담장을 넘게 되고 꽃잎을 열치는 꽃송이처럼 지상의 여기저기에 향기의 불을 켠다.

  이남근 시인의 작품을 독서하면서 우리는 시인 자신이 주변과 삼라만상 일체를 대하는 언어 본래의 관찰안을 살필 수 있었다. 바로 여기에 이남근 시인이 추구하는 순수의미를 창작 의지에 접목하고 이를 언어적으로 개진하는 그만의 시적 오롯함을 읽을 수 있었다. 이는 바로 이남근 시인이 자기 언어에 대한 절제와 공감 능력으로 그의 언어적 세계를 자신의 개성으로 빚어내고 있다는 얘기이기도 하다. 그리 보면 그가 펼친 언어적 서정성은 독자의 입장에서도 편 편의 작품에 쉽게 스머드는 매력에 접근할 수 있다. 시적 사물에 대한 애정이나 연민은 일차적으로는 언어적 함축미와 간결성 위에 형상되는 것이며 이를 토대로 한 사유와 묘사는 일반이 접한 범상함을 월등 벗는 것이라고 하겠다. 자신만의 이야기를 채움과 비움을 통해 은밀한 시적 은유로 변환해 가는 이남근 시인의 언어들은 그런 의미에서 독자의 마음에 파문을 일게 하고 언어적 촉기 또한 보여준다 할 것이다. 우리는 이남근 시인 고유의 발언을 순수 언어로 직조하여 보다 선명한 시적 이미지를 어떻게 그려나가는지를 작품 속에 표현된 감성적 언설을 중심으로 살필 수 있었다.

> 엔진소리가 대양의 물처럼
> 온 세상을 주름주름 파도치고 있다
> 어둠을 덮고 뒷걸음치는 바다
> 눈빛이 게 구멍으로 기어들어가
> 조개들 사그락거리고
> 잔 여울에 입 벌린 망둥이들만
> 즐겁다 뛰거나 팔딱인다
>
> 희미한 시력에 기침하는 노인들
> 뚫린 바람에 창문이 덜렁거리고
> 새어 나온 구멍에 바람만 가득하여
> 자꾸만 지난날을 뒤돌아본다
>
> 기지개 켜는 나뭇가지마다
> 새들도 엔진을 닮아 소란스럽다
> 그래 그 아침이 잠을 깨고
> 엔진소리에 묻혀서 도착한 것이다
>
> 간밤의 술기운이 멍때리고
> 마냥 꿈속인 양 허둥대는 사람들이
> 삶의 고단함을 안개처럼 걷어내고

> 엔진소리를 일으켜 달리는 모습은
> 파도의 음악소리처럼 즐겁다 하겠고
> 새로운 빛이 군중처럼 다가오는
> 엔진소리 뒤에서 새로이 아침을 맞곤 하였다
> ―「엔진소리 뒤에 숨다」

6·25를 치르고 난 우리나라는 세계에서 가장 빈한한 나라 중의 하나였다. 풋대죽에 의지해도 하루 세 끼가 부족하기만 할 때 그나마 신기한 것 중의 하나가 발동기 엔진으로 돌아가는 정미소였다.

발동기를 돌리는 일은 일차적으로 피댓줄을 당겨서 시동을 걸었고 정미 기계가 돌아가던 광경은 어린 사람들의 눈을 번쩍 뜨게 할 정도로 신기하기만 했었다. 발동기가 시쿵거리면 도정이 된 나락에서 요술처럼 쌀이 나오고 보리도 껍질을 벗겨서 보리쌀을 얻을 수 있었다. 원시적인 디딜방아가 아니면 운신을 못 하던 시절이었으니 발동기를 돌려서 나락을 정미하는 일은 그 자체로 대단한 구경거리가 되기에 충분했다.

디딜방아는 발로 곡식을 찧거나 빻던 방식의 방아였는데 굵은 나무의 한끝에 공이를 박고 다른 끝을 두 갈래로 갈라서 발로 디딜 수 있도록 만든 도구였다. 방아확에 곡식 따위를 넣고 공이를 반복하여 내리쳐서 나락이나 보리를 도정 하던 방식이었다. 그 시절에 발동기 소리는 신기하기 이를 데 없었고 그 소리만 들리면 부리나케 현장으로 달려가 시동을 일으키는 광경부터 침을 삼키면서 지켜봤었다. 이 자리에서 시동을 일으키던 어른들은 기계 돌아가는 일이 두루 위험한지라 아이들은 발동기 근처에도 얼씬거리지 못하게 소리 소리를 질러 내쫓았고 워낙에 큰 발동기 소리에 사람의 소리 따위가 묻히는 것은 물론이고 곁에서 구경하는 아이들조차 시쿵시쿵 내뿜는 발동기의 연기와 소리에 묻히기가 일쑤였다.

당시로는 발동기가 대단한 일을 수행하는 만능한 기계였었다. 그리고 그런 탓에 가뭄에 물을 대는 양수기를 돌리는 데도 어김없이 발동기를 이용하곤 하였었다. 그 시절에 호기심 많은 이남근 어린이도 발동기 곁에서 엔진 일으키는 광경을 지켜보면서 자랐을 것이고 엔진이 뿜어낸 소리와 연기 뒤에서 곧잘 묻히곤 했을 것이다.

「엔진소리 뒤에 숨다」는 "온 세상을 주름주름 파도치는" 대양의 물에서 '엔진소리'를 끌어오고 있다. 바다가 가까운 곳에서 자란 이남근 어린이 또한 귀가 먹먹하도록 발동기 돌아가는 소리를 들었을 것이다. 그리고 이 자리에서 듣던 엔진소리를 배경으로 "눈빛이 게 구멍으로 기어들어가" 조개처럼 사그락거리거나 뻘밭에서 "잔 여울에 입 벌린 망둥이들"처럼 이리저리 뛰거나 팔딱이는 광경이 두루 상상 중에 그려진다. 뒤돌아보면 6, 70년이 지난 세월 저편의 일이지만 발동기가 곡식을 도정 하던 것이 엊그제의 일이나 되는 것처럼 가깝게 느껴지는 것은 그 일이 기억도 선명한 유년 시절 고향 땅에서의 일이고 이때의 일들이 지금의 시간까지 실감을 동반한 추억의 물굽이가 되어 흐르고 있다.

이남근 시인은 자꾸만 뒤돌아 보이는 지난 시간에서 "희미한 시력에 기침하는 노인들"을 떠올린다. 그러면서 "뚫린 바람에 창문이 덜렁거리고/새어 나온 구멍에 바람만 가득하"던 것을 대단한 볼거리였던 것처럼 기억하여 그려내고 있다. 엔진소리가 숨 고르는 시간의 이야기는 거대한 서사가 숨 쉬는 일이고 지금의 이 시간에도 강물처럼 흐르는 중이다. "엔진소리가 숨 고르는 시간"은 발동기에 시동을 걸 때 시쿵거리는 모습을 그리 표현한 것이리라. 발동기는 바퀴에 피댓줄을 감아서 강하게 끌어당기면 엔진에 불이 일면서 발전을 일으키던 기계였다. 동시적으로 그 소리를 듣고 기지개를 켜며 아침잠에서 깨어난 대자연이 나뭇가지마다 '엔진소리와 연기에 묻히'던 새떼들의 지저귐 또한 자연스럽게 읽히는 대목이다.

이것들이 바로 엔진소리를 닮았다는 점에서 상상만으로도 대단한 실감을 동반한다. 필자가 되풀이해 온 터이지만 "근면한 민족은 축제를 좋아한다."는 것이 그것인데 부지런한 사람 또한 몇 잔의 술로 자신의 피로를 덜어내는 일이 많던 시절이었다. 그래서 사람들은 간밤의 술기운이 미성未醒인 경우가 많았고 그래서 꿈속인 양 허둥대는 사람들은 "삶의 고단함을 안개처럼 걷어내고" 왕성한 엔진소리처럼 팔팔한 아침을 열었던 것이다. 요컨대 엔진소리가 온 동네의 아침을 깨우는 시골 광경은 그 자체로 "파도의 음악소리처럼 즐겁다 하겠고" 거기에서 우리는

"새로운 빛이 군중처럼 다가오는" '엔진소리 뒤에서' 그 어느 때보다 활기찬 아침을 열어갈 수 있었다.

유리창에 내려앉은 욕망의 얼룩들

위의 작품「엔진소리 뒤에 숨다」는 그런 의미에서 우리에게 전설처럼 지나쳐온 지난 시간에 대한 거대한 이야기를 발동기의 연기 뒤에서 되살려내고 있다.

나를 부르는 시간에도
늘상 물 한 방울이 갈급하다

수은주가 차가워지면
체온을 잃고
바람 난간에 기댄 사람
그림자도 숨이 차고
세월 기다리는 나그네라 하지

욕망이 얼룩으로 유리창에 내려앉아
잔뜩 낙서가 되고
가슴 가득 드리운 텅 빈 연민을
추억이나 꺼낸 듯 흐느적거릴 때
그제서야 숨 고르며 다가온 그대

메마른 가지마다 둥지를 틀어
흐느낌에 흐느낌을 올린다

하늘빛 우러른 세상이니
넘기는 책장마다 숨어버리곤 했다

걸음걸음 따라오는 바람의 시간
맨몸으로 마주한 자유가 있었다면
이름하여 그대를 낙엽이라 하자

- 「그대를 어찌 부를까」

「그대를 어찌 부를까」에서 읽은 '그대'는 누구를 이르는 말이었을까. 작품의 모두冒頭에서 만난 '그대'는 '나를 부르는' 상대이고 늘상 "물 한 방울이 갈급"한 대상은 아니었을까. '이름하여 그대를 낙엽'이라 하겠다던 화자는 "걸음걸음 따라오는 바람의 시간"마다 "맨몸으로 마주한 자유"를 이 같은 생각에 담았던 것이다.

시적 대상에 대한 화자의 연민과 걱정은 "수은주가 차가워지면/체온을 잃고/바람 난간에 기댄 사람"이라 한 것 등에서 두루 드러나고 있다. 그리고는 이내 하염없는 '그림자'도 숨이 차고 "세월 기다리는 나그네라 하"였다던 그곳에는 그만한 사연에의 필연성 또한 존재할 터였다. 화자가 걱정하는 사람은 바로 날씨가 차가워지면 맨 먼저 생각나는 사람이었다. 그때 체온을 잃고 바람의 난간에 기댄 사람을 그리 말했다면 자리를 달리하여 자신의 마음을 그리 전하고픈 사람임이 분명하다.

그래서였을까. 무언가에 갈급함을 드러낸 그림자마저 숨이 차다고 한 것이나 '세월 기다리는 나그네'라 한 대목에 이르면 '그대'를 향한 화자의 자별한 마음 또한 읽을 수 있다. 사실 우리가 살아가는 지상에서의 '삶'이란 어느 의미에선 투명 유리창에 내려앉은 '욕망'의 잔해들이 "잔뜩 낙서가 되는 것"은 아니었을까. 그리하여 일면 자연스럽기까지 한 이들 표현에서 "가슴 가득 드리운 텅 빈 연민을/추억이나 꺼낸 듯 흐느적거릴 때" '그제서야' "숨 고르며 다가온 그대"가 선명한 모습으로 읽히는 것이다. 잔뜩 낙서가 된 유리창은 저작咀嚼할수록 의미하는 바가 크고 선명하다. 그리고 그제서야 숨 고르던 그대를 돌이키는 자리를 "흐느낌에 흐느낌을 올리"는 일이라 하였고 "메마른 가지마다 둥지를 틀어 올리"는 자리였음을 고백처럼 읽을 수 있었다.

요컨대 우리는 "하늘빛 우러른 세상"에서 "넘기는 책장마다 숨어버리곤" 하던 이가 과연 누구였을까를 생각하게 된다. 화자가 항용 다다른 곳은 "걸음걸음 따라오는 바람의 시간"이면서 맨몸으로 마주한 자유를 전제하고 그런 다음에 '그대'라는 이름을 바람에 날리는 낙엽으로 표현하여 작품은 이내 마무리에 들어선다.

> 보이지 않는 것을 보이는 것으로
> 서로가 서로에게 존재하면서
> 움직이는 것을 안 움직이는 것으로
> 너는 왜 그랬던 거니
>
> 서 있으면 발바닥에

바닥 하나가 더 눕는 등거리
강물 닮은 물이 흐르고
힘차게 내려가는 물살의 힘으로
늘상 천장 같은 바닥을 치리

위에서 보면 다다른 하늘
또 다른 모습으로 높이 자라서
밑자락은 한없이 깊다 하거니

내려가고 내려가도 끝은 있었고
표정 없이 다가가도
다른 표정에 멈추고야 마는

너만 모르는 빈손을 본다
그것은 항상
그 바보 같은 바닥을 보이는 거야

- 「빈손 바닥」

'빈손'은 시적 의미로도 소유한 것이 없는 경우를 의미하는 대표적인 상징어라 할만하다. 제목이 '빈손 바닥'이니 '너만 모르는 빈손을 보'며 그것은 "그 바보 같은 바닥을 보이는 거"라고 했다. 너만 모르는 그 바보 같은 빈손이 바닥을 보이는 것은 무엇에 연유하고 있었을까. 여기에서 우리는 "보이지 않는 것을 보이는 것"으로 치환하면서 화자가 발언하고자 한 것 또한 장히 궁금하다.

또한 이것과 관련하여 "움직이는 것을 안 움직이는 것

으로" 서로가 서로를 존재케 하면서 짐짓 "너는 왜 그랬던 거니"라고 반문을 한다. 서 있으면 "바닥 하나가 더 눕는 등거리"라 하였는데 화자가 여기에서 본 것은 "강물 닮은 물이 흐르고/힘차게 내려가는 물살의 힘으로/늘상 천장 같은 바닥을 치"는 자리가 되면서 등장한 말이 '발바닥'이다. 그리고 이 자리에서 말하는 '발바닥'은 맨 아래를 의미하는 바닥의 다른 말로 읽어도 무방할 것이다. 바닥은 평평한 넓이를 이루면서 "물체의 밑부분"에 해당하는 부분에도 언급되고 있다.

그리 보면 이어서 등장한 '강물 닮은 물'은 바로 '바닥'을 의미하는 또 다른 말이라 여겨지고 세상에서 '물'만큼 낮은 곳만을 짚어서 길을 가는 사물은 존재하지 않는다는 아포리즘 또한 떠올리게 된다. 성경에서도 천국으로 통하는 길은 더 낮은 곳에 임하는 것이라고 가르치고 있다. 이를 호응이라도 하듯 작품에서는 '강물 닮은 물'이라 표현하였다. 그리고 이처럼 강물 닮은 물이라는 말은 실에 있어서 화자가 동일 의미를 형상하는 의도적 언어이기도 하다.

'강'은 '넓고 길게 흐르는 큰 물줄기'를 의미하고 '강물'은 '강에 흐르는 물'을 이르는 말이겠다. 그리 보면 '강물 닮은 물'은 낮은 곳만을 중단없이 흘러가는 '강'이라는 흐름을 이르는 말이면서 동시에 역동성을 동반한 "힘차게 내려가는 물살의 힘"은 "늘상 천장 같은 바닥을" 친다는 것으로 연결된다. '천장'은 '지붕의 안쪽'을 이르는 말이며 바닥과는 대칭을 이루는 의미로도 읽을 수 있겠다. 그게 바로 바닥을 형상하는 손바닥이고 이를 펴 보이면 이 또한 바닥이고 이를 뒤집으면 천장이 되는 것을 이남근 시인은 절묘하리만치 작품의 부분품에 일치시킨 것이다. 여기에서 의도한 물이 지닌 '바닥'에의 함의는 지극 간절한 의미를 형성하고 이를 그리 표현했다고 여겨진다. 바닥은 오롯이 물이 가는 통로를 의미한다. 노자도 "무릇 좋은 것은 물 같아야 한다"는 '상선약수'를 말하면서 가장 낮은 자리에서 가장 높은 이치를 가르치고 있다.

밟히고 밟힌 땅엔 벌레들이 모여

물은 속성적으로 가장 낮은 곳만을 짚어서 흐르다가 종국에는 바다에 이른다는 이치 때문이다. 그리고는 바다에 간 물이 가장 높은 하늘과 이웃하여 만나고 있다. 작품이 말하는 "천장 같은 바닥을 치"는 것은 이 같은 경우를 그리 표현한 것으로 보인다. 낮은 것이 높다는 것은 그리 보면 반어적 역설적 표현에만 그치는 것은 아니다. 실에 있어서 낮은 곳에 임해야 천국에 이를 수 있고 더 낮은 곳만을 흘러서 다다른 곳이 다름 아닌 '하늘'이었음이다. 그런 의미에서 「빈손 바다」은 표정 없이 더 낮은 곳만을 흐르자 해도 종국에는 절정에 닿고야 마는 물의 운행의 원리에서 본, 인간 세상을 가르치는 거대 진리를 숨김없이 배우게 한다. 그래서 이남근 시인은 너만 모르는 빈손이라 한 것 등이 "그것은 항상/그 바보 같은 바닥을 보이는" 발언에 다다른 것이다.

> 꽃잎은 봄비에 젖어
> 너른 바닥 멀리 쓸려 나갔다
>
> 밟히고 밟힌 땅은
> 언제나 벌레들이 모여 있었고
> 눈알들이 옹기종기
> 집 짓는 곳
>
> 손가락 건 사랑에 피어난 꽃잎들
> 간밤에 봄비 내리고
> 뒤집어쓴 천막을 거두고
> 훗날을 위로하는 벅찬 슬픔에
>
> 잊어야 할 이별가 하나씩을 부르고
> 심장 위주로 꽃은 피고 또 피건만
> 앞뜰 은사시나무엔
> 오늘도 손님처럼 까치가 날아왔다
>
> ㅡ「젖은 슬픔」

 좀 더 젊었을 때는 '슬픈 것이 아름답다.'는 말에 매료된 적이 있었다. 위의 작품 「젖은 슬픔」이 창작된 것은 이같은 서정성을 읽히기 위한 아포리즘에서 비롯된 창작이 아닐까 싶다. 세상 모든 것은 젖은 다음에야 싹틀 수 있고 봄비에 젖은 꽃잎 또한 그 같은 원리의 적용과 해석이 가능할 것도 같다.

그러나 이 자리에서 우리는 그것 만에 그치는 것은 아니라고 생각한다. 기나긴 겨울의 혹한을 넘어서고 봄비에 피어난 꽃잎들은 왠지 처연해 보여도 소생의 계절을 문 열고 개화한 일에서 그 같은 감정을 만방에 날리게 된다. 날씨는 풀려서 봄비 맞고 피어난 꽃들이 그 빗물을 타고 "너른 바다 멀리 쓸려 나"가는 모습은 일면 천진하기도 하고 아름답기도 하다. 그리고 날씨가 풀리거나 화창해서일까. 경칩을 지나 뛰쳐나온 개구리처럼 "밟히고 밟힌 땅"은 "언제나 벌레들이 모여 있었고" 사방 천지에 생명의 "눈알들이 옹기종기/집 짓는 곳"을 연출하고 있다. 봄이 되고 "손가락 건 사랑"의 힘으로 지상에는 이처럼 갖가지 꽃들이 피어난다.

간밤에 내린 봄비로 겨우내 뒤집어쓴 천막을 거두고 '벅찬 슬픔'처럼 어우러진 대자연은 우리에게 '위로'의 의미로 다가온다. 사방에선 생명에의 환희가 다분하건만 세상에 드리운 음양의 이치 앞에서 새싹처럼 "잊어야 할 이별가 하나씩" 생각나게 한다. 봄이 되어 얼어붙었던 지난 계절의 심장에선 소생의 맥박 소리가 교향악처럼 울려 퍼지고 "심장 위주로 꽃은 피고 또 피"어서 문득 사람을 기다리는 '앞뜰 은사시나무' 하나 서 있고 "오늘도 손님처럼 까치가 날아"들고 있다.

작품에서 노래한 「젖은 슬픔」은 생래적으로 소유한 애

수의 감정을 그리 노래한 것으로 보인다. 그러나 아름다움이란 본질에 있어서 슬픔에 터 잡은 순수감정이고 지극한 아름다움은 깊은 슬픔에 터 잡는다는 등식이 작품을 독서하는 자리마다 등장하곤 한다. 그리 보면 인간의 심성에서 멜랑콜리는 우울이나 비관주의에 해당하는 인간의 기본적인 감정을 이르는 말이지만 삶의 의미적 궁극성도 따지고 보면 이같은 회의에서 비롯된 감정상의 문제라 할만하다.

예술을 설명하는 자리에도 슬프다는 전제 없이 지극한 아름다움은 태어나지 않는다. 그리고 비극과 희극을 2대별하여 인간의 감정에 젖어 들듯 아름다운 것은 선별적으로 비극에서 추구되지 않았던가.

> 일찍 핀 매화가 옹기종기
> 찬바람 앞에 모여 있다
> 우수가 지났는데도 추위는
> 더욱 맹렬하게 엄위하는가 보다
> 당분간은 풀꽃들이 웅숭거릴 테고
> 시린 손들이 울력을 나와
> 산모퉁이를 돌아다니며 부산 떨 것이다
>
> 멀쑥하게 도열한 메타세콰이아도
> 잎새를 내밀지 못하고 서성이는 시간
> 하늘은 비라도 뿌려댈 심산인지
> 매서운 바람을 좌우로 휘저으며
> 하늘이 자꾸만 찌뿌둥해진다

저 가물거리는 한 모금 햇볕에도
바위는 방패처럼 산천초목을 막아서고
올려 세우다가 부대끼는
결기 같은 것이 가로수로 서 있다가

두꺼운 외투와 털모자로
잠깐의 추위에도 얼굴을 감춘
내 얍삽한 옷차림과 인심
잔뜩 겁을 먹은 저들 추위에
차라리 나오지 말 걸 그랬다 할까

자꾸 저어하는 것만 같아
바깥공기를 상대로 심호흡 중이다
─「꽃샘추위를 만나다」

'꽃샘추위'는 말 그대로 "이른 봄, 꽃이 필 무렵의 추위"를 이르는 말이다. 마찬가지로 잎이 나올 무렵의 추위를 '잎샘추위'라고도 한다. 마치나 꽃이 피는 일을 시샘이라도 하듯 일시적으로 추워지는 기상현상을 이처럼 말하는 것으로 한랭 건조한 시베리아 고기압이 북서 계절풍으로 강화하여 내려가는 기온 현상을 이르는 말이다.

'꽃샘추위'는 대개는 경칩 무렵에 찾아오는 일이 많다. 그리고 이때의 추위로 장꽝이 깨지는 일도 있었고 세상 밖으로 나오려던 개구리가 다시금 동면에 들어갈 만큼 춥다는 것 등 풀렸다는 날씨가 갑자기 풍설이 치고 추워지는 바람에 그 추위가 유난히 크게 느껴진다는 것이다.

그래서 사람들은 장롱에 개켜서 넣어둔 겨울옷을 다시금 꺼내어 무장하고 종종걸음을 치며 바깥나들이에 나서게 된다. 이때 '꽃샘추위'에 딸려 나온 단골 메뉴는 단연 매화가 압권이다.

그런데 어느 해는 식목일이 지나서도 북서풍을 동반하여 풍설이 치는 일도 있었다. 작품의 시작이 "일찍 핀 매화가 옹기종기/ 찬바람 앞에 모여 있다"고 하였고 추위에 갇힌 꽃들의 광경 또한 이같이 표현된 것이다. 이들의 표현만도 대단한 추위가 감각되는 것은 나만의 느낌일까. 시기적으로 꽃샘추위는 '우수'를 넘기고 경칩을 바라보는 시점에 닥친 추위이기 십상이다. 경칩을 지나서도 맹위를 떨치는 추위가 많아서 엄동의 풍설 앞에 다시금 땅속으로 돌아가려는 개구리를 그림으로 보면서 꽃샘추위를 실감하곤 했었다. 작품에서도 '더욱 맹렬하게 엄위하는' 우수가 지난 추위 앞에 웅숭거리는 풀꽃들의 모습이 한없이 안쓰럽게 그려지고 있다. 그리고 그 같은 추위를 땜빵하기 위해 '시린 손들이 울력을 나와/산모퉁이를 돌아다니며 부산'떠는 모습을 이채로운 장면처럼 상상할 수 있다. 연장선상의 말이지만 우수에는 풀렸던 대동강물이 경칩에 다시금 얼어붙는다는 말이 있다.

햇빛마저 침 삼키며 구경하며는…

대개의 경우 우수가 2월 18일 경이고 춘분이 3월21일

무렵이면 그 중간인 경칩은 3월 5일쯤이 되는 절기이다. 이 무렵의 날씨는 지난 계절의 추위와는 비할 바가 아니지만 그래도 날씨가 풀린 뒤에 찾아온 추위라 그 강도 또한 유난하다는 것은 겪어 본 이의 한결같은 기억이리라. 그래서 무엇엔가 쫓기듯이 산모퉁이를 돌아다니며 부산 떠는 모습은 어디선가 많이 본 것 같은 광경이기도 하다. 작품에서 이남근 시인이 만난 추위는 어떤 추위였을까. 그토록 당당하게 임립한 메타세쾨이아도 말쑥하게 도열한 채로 무엇인가에 서성서성 잎새를 내밀지 못하는 시간에 '하늘'은 불편한 일 땜에 비라도 뿌려댈 심산인지 "매서운 바람을 좌우로 휘저으며" 자꾸만 찌뿌둥해지는 형국이다. 이럴 때 내비친 햇빛은 목마른 자에게 생수 한 모금을 제공하는 셈이지만 산천초목을 방패처럼 막아서는 '바위'는 올려세운 결기로 가로수와 어울리면서 이내 잠깐의 추위를 '두꺼운 외투와 털모자로' '얼굴을 감'쌌던 것이다.

"내 얍삽한 옷차림과 인심"은 '저들 추위' 앞에 잔뜩 겁먹고 너무 일찍 나선 일을 후회한다며 이같이 표현한 것이리라. 그럼에도 더는 물릴 수 없는 '꽃샘추위'의 위세에 각오하듯 심호흡을 하는 화자의 결기에는 상상 중에 호연지기마저 느껴진다.

  왁자지껄한 아이들의 술래놀이에
  동네 어귀가 자꾸만 멀어지고
  햇빛마저 침 삼키며 구경하고 있다

술래에게 들키지 않으려고
고래고래 소리 지르는 아이들
눈만 질끈 감아버린 짚더미 속
매달리기도 하고 달리기도 하고
엎드린 채 숨기도 하고
그러다가 동구 밖은
장승처럼 우뚝 서성이게 되고

밤하늘 은하수처럼 공간은 산뜻하고
사방천지가 갑자기 웅성거리는 중
숨 죽여도 술래는 무섭다는데

오만 가지 꽃들이 피어날 이 지상은
날이 풀린 봄날처럼 분주한가 하면
마냥 따사롭고 마냥 자애롭다
그렇게 운명의 하루하루는 흘러갔다
- 「술래는 무서워도」

'술래'란 술래잡기에서 유래한 말이며 술래가 숨은 아이들을 찾아내는 데서 만들어진 것이다. 숨는 자와 찾아내는 자. 그 간극에는 치열한 자기 전략이 존재한다. 술래를 피해 얼마나 깊숙이 숨느냐와 꽁꽁 숨었는데 이를 귀신같이 찾아냈느냐에 달린 문제라는 것이다.

우리가 읽는 탐정문학도 넓게 보면 술래놀이와 한가지라는 생각이다. 탐정 이야기에서 우리는 숨긴 물건과 찾아내는 사람과의 사이에서 탐정과 도둑이 벌이는 숨 막힌 쟁투적 긴장 관계를 읽을 수 있었다. 깊숙이 감추어둔 보물을 달빛처럼 스며들어 귀신처럼 끄집어내어 보여주는 존재가 도둑이기는 해도 동일 선상에서 물 샐 틈 없이 숨었는데 핀셋으로 집어내듯 찾아내는 탐정 또한 마찬가지라는 것이다. 찾으려는 자는 탐정이고 들키지 않으려고 기를 쓰는 자는 도둑이다.

이를 술래놀이에 비추어 보면 이 둘의 역할은 그럼에도 불구하고 한 지점에서 만나는 것을 볼 수 있다. 실제 우리가 대표적으로 이야기하는 명탐정 샬록 홈즈와 괴도 루팡에서 이에 대한 명장면들을 실감 나게 상상하곤 했었다. 탐정이란 은밀하게 숨겨둔 것을 귀신같이 찾아내는 사람이고 도둑은 구중궁궐에 깊숙이 숨긴 물건을 감쪽같이 찾아서 훔쳐내는 사람이다.

> 술래놀이에서 술래 피하기의 방법을 여담으로 소개한다. *술래를 피해 빠르게 달린다. *술래를 피할 수 있는 유리한 위치를 찾는다. *사람이 적은 곳으로 이동한다. *술래가 예상하지 못한 곳으로 이동한다. 등이라고 한다. 이 같은 방법 위에 술래의 예상을 빗나가게 하는 놀이가 술래놀이였던 것이다.

작품에서 말하는 술래가 무섭다는 것은 시인이 구상한 의도를 시적 패러디로 만날 수 있다. 술래는 탐정처럼 숨어버린 사람을 목적삼아 찾아내는 사람이다. 그래서 술래놀이에서 아이들은 어떻게 하면 술래를 감쪽같이 따돌릴

까부터 생각하는 것이다. 술래놀이는 별다른 놀이가 없던 유년 시절에 별 부담 없이 즐기던 친숙한 놀이 중의 하나였다.

동네 어귀가 그 무대였고 술래놀이에 동원된 아이들은 왁자지껄 어울리다가 술래가 열을 세는 동안 사방으로 흩어졌고 그 담엔 주위 사방이 '조용한' 데로 빠져들었다. 그리고는 술래를 피하기 위해 "햇빛마저 침 삼키며 구경하"는 장소가 짚더미에 묻히거나 웅덩이 같은 구석진 자리에 숨어 들였고 그런 다음 "매달리기도 하고 달리기도 하고/엎드리기도" 하는 등 갖가지 방법으로 숨어 들었던 것이다. 그러다가 들키면 이내 "장승처럼 우뚝 서"버리곤 했었던 술래놀이는 그 공간이 '밤하늘 은하수처럼' 산뜻했던 것도 잊히지 않는 기억 중의 하나일 것이다.

쥐도 새도 모르게 숨은 아이들을 찾아내는 놀이에서 사방 천지가 갑자기 웅성거렸다면 그 분위기가 어찌 수상하지 않았겠는가. 숨은 자를 찾아내는 술래놀이는 우리네 삶이 통상적으로 그 같았다는 의미일 수도 있겠다. 술래놀이 중에도 오만가지 꽃들은 피어나고 "마냥 따사롭고 마냥 자애"로운 봄날처럼 놀이하는 아이들이 엮어가는 하루 또한 그렇게 흘러갔음이 이 작품에서 되살아나고 있다.

    팻말 붙인 느티나무 곁에서
    세상을 흔드는 건 그늘이다

그것 참으로 대단하다 하면서도
별것 아니라는 생각도 한다

그늘이나 그리는 하늘일 뿐
오직 하나뿐인 뿌리의 투지

세월을 빨래줄 삼아 널어둔 나이테를
광대 노릇이나 하다가 춤추려던 찰나
유서 한 줄 같은 슬픔을 물처럼 받아내면

하늘을 흐르는 파노라마를
어둠에 스미는 눈물이
색깔과 표정만을 보이는 것은
아무리 뒤져도 어둠만이 가득하다

시작에는 늘 끝이 보이지 않아
지난날처럼 물오르는 나무들
내미는 손길이 혹독하기만 하여
자꾸 그림자만 길어지고 있다

저 외로움을 나이테로 감아주랴
키가 큰 몸집의 그 무엇인들
나를 향한 너만의 외면이 아니라면
나를 위한 반대말은 그렇게 만들어졌다
ㅡ「나를 위한 반댓말」

"팻말 붙인 느티나무 곁에서/세상을 흔드는 건 그늘"

이라고 노래한 작품이 「나를 위한 반댓말」이다. 화자는 이를 두고 참으로 대단하다는 말을 하면서도 한편으로는 별거 아니라는 생각도 든다는 것이다. 그런데 이 같은 표현들이 어찌하여 필요했는지는 깊이 헤아릴 필요는 없겠다.

이어지는 구절에서 그 이유를 "그늘이나 그리는 하늘"이라면서도 이것이 나를 위한 "오직 하나뿐인 뿌리의 투지"라고 밝히고 있다. 그러면서 "세월을 빨래줄 삼아" 나이테를 널어두고 광대 노릇이나 하다가 춤추려던 찰나에 물처럼 받아내던 "유서 한 줄 같은 슬픔"이 등장한다. 더 깊게 생각할 것 없이 "하늘을 흐르는 파노라마"나 "어둠에 스미는 눈물"은 하나의 지점에서 만나는 시적 현상들이 이 같다는 의미이다. 더 길게 설명할 필요 없이 파노라마와 하늘을 접목하여 노래한 것은 눈물을 접목한 어둠 그 자체로 수많은 요철凹凸을 거쳐온 상징어이기 때문이다.

베개 삼은 슬픔을 빗방울에 올리다

'파노라마'란 영화나 소설 따위에서 변화와 굴곡이 많았고 규모가 큰 이야기를 비유적으로 드러내고 있다. 여기에서 우리는 '나'를 중심에 둔 인생의 문제가 고스란히 조감 되는 것을 볼 수 있다. 그리고는 "색깔과 표정만을 보이는 것은/아무리 뒤져도 어둠만이 가득하다"고 한 대목이다. 요컨대 어둠만이 가득한, 그러면서도 파노라마와 눈물에의 색깔과 표정만을 보이는 것은 일면 그럴듯한 것들에의 장면 장면이 이같았음이다. 나를 위한 반대말의 행간에는 아무리 뒤져도 색깔과 표정만을 보이고 어둠만이 가득하여 빨랫줄에 널어놨던 지난 세월에의 나이테가 하늘을 흐르는 파노라마가 되어 멀찍이 떼어놨던 외로움이 나이테처럼 하나둘 늘어나면서 많은 것을 생각하게 한다.

그리고 이 같은 구절을 "시작에는 늘 끝이 보이지 않아/지난날처럼 물오르는 나무들"이라 하였다. 그리하여 이제는 현실에서 바라본 자신에게 '내미는 손길'조차도 혹독하다고 하였다. 살아온 세월에 비추어 '시작에는 이처럼 늘 끝이 보이지' 않는다고 했다. 그리고는 인생의 시계는 계속해서 돌아가는 것이고 나무들로 직립한 시간은 내내 물오르는 지난 시간이었다는 것이다. 그러나 이제는 나를 위한 반추로 바뀌면서 끝이 보이지 않을 만큼의 시간들을 지나쳤고 나무 또한 자꾸만 길어지는 그림자를 마주할 뿐이라는 것이다. 그만큼 많은 시간이 흘렀고 그래서 마주친 터닝포인트 이후의 시간은 자꾸만 동쪽으로 길어지는 그림자를 운명처럼 마주하고 있다.

그림자가 동쪽으로 길어지는 세월에는 외로움의 시간 또한 깊어졌었고 늘어나는 나이테의 개수를 감아내면서 더 많은 시간을 요량하다가 자신을 향한 반대말을 회한처럼 던지지 않았을까 싶다. 살아온 세월을 되짚어본 자리에서 화자는 문득 키가 큰 '몸집'의 그 무엇인들 '나를 향한 너만의 외면'에서 만들어진 게 아니냐고 물었었고 이것이 바로 '나를 위한' 나에의 반댓말이었다고 말한다. 나를 위한 반댓말은 이처럼 나를 위한 사유에서 비롯된 것이었다. 그래서 세상은 흔들리는 느티나무 곁에서 한편으로는 대단했고 한편으로는 별것 아니라던 화자에게 뿌리에서 하늘을 그리는 시간을 빨랫줄 삼아 세월의 나이테를 널어 두었던 것이다. 그리하여 춤추려다 마주친 유서 한 줄 같은 슬픔에의 시간들을 물처럼 받아내고 그쯤에서 파노라마와 눈물에의 시간들을 저작하였던 것이다.

시작에는 늘 끝이 보이지 않았고 지난날들은 물오르는 나무의 시간으로 이어져 있다. 그리고 혹독하기만 한 '손길'에의 시간들은 그림자나 키우는 시간이고 그렇게 해서 다다른 외로움에의 세월을 나이테로 감아내면서 '나를 위한 반댓말'은 '나를 향한 너만의 외면'에 그친 것이 아니던가로 나아간다.

> 달빛은 언제나 저리 축축했을까
> 달밤에도 비가 자주 내린다
>
> 생각이 한사코 시간을 붙잡고
> 어둠 속에 갇힌 내 꼴이
> 실타래처럼 엉망이 되어
> 부드럽게 젖어 내리는 시간
> 속삭이듯 이야기가 듣고 싶다

> 도시에 달려 나온 파도 소리들
> 갇힌 빛과 액체들이 만화경에 흘러서
> 허우적거리면서 씻어지는
> 저 심포니는 은은한 금빛이다
>
> 꿈속에서 연주되는 자장가를 포옹하고
> 베개 삼은 슬픔을 빗방울에 올려서
> 너울너울 손잡고 춤추려 한다
>
> ―「비 오는 밤」

「비 오는 밤」을 독서하면서 제목만으로도 필자는 다소간 멜랑콜리해지고 말았다. 멜랑콜리는 우울 또는 비관주의적 색채가 가미된 인간적 감정을 표현한 말이다. 화자는 비 오는 밤에는 달빛도 축축하다는 생각에 잠긴다. 달밤에도 비가 자주 내렸다는 자리에서 "달빛은 어찌하여 "저리 축축했을까"를 되묻고 있다.

그리고 달밤에도 비가 자주 내렸다면 그것은 아열대로 바뀐 날씨에 스콜 등의 기상 조건으로 깜짝 비가 내렸다는 것이 아니겠는가. 이처럼 비가 오는 밤에 어둠 속에 갇힌 자신의 모양새가 한사코 "실타래처럼 엉망이"되었다는 것이고 '내 꼴'이 부드럽게 젖어 내린 시간에 "속삭이듯 이야기가 듣고 싶"었다는 것이다. 왠지 모를 상념에 젖을 때에도 파도 소리처럼 달려 나온 도시의 불빛과 이름 모를 액체들이 자꾸만 '만화경'처럼 흘러서 "허우적거리면서 씻어지는/저 심포니 같은 은은한 금빛"을 기억나게 한다. 그러나 이처럼 몽환에 젖은 시간에 진입한 생각은 무엇이었을까. "꿈속에서 연주되는 자장가를 포옹하고/베개 삼은 슬픔을 빗방울에 올려서" 애상에서 탈출한 화자가 너울너울 손잡고 춤추려 한다는 자리에 오면 우리는 새삼 이남근 시인의 삽상한 시적 서정성이 어느 만큼 결곡한가를 확인할 수 있다.

평범하게 생각하려고 해도 비 오는 달밤은 그냥 비가 내리는 여느 밤의 하나일 수는 없겠다. 화자는 이 같은 시간에 빗물에 씻기면서 은은한 금빛 심포니를 울린 것 같은 빗소리에 흡사 '만화경'이라도 대한 듯 갖가지 형상에 다가서고 있다. 그리고 그 같은 시간은 꿈 같은 환상으로 이어지면서 빗방울에 슬픔을 올리고 너울너울 손잡고 춤추고 싶었다는 화자의 모습과 행동은 그 자체로 하나의 그림 같은 광경이라고 해도 무방할 것 같다.

> 입맛으로 넘실대는 들녘
> 그 황홀함이
> 오병이어의 그림자에 비길까
> 이삭 줍는 세상
> 남겨진 빵부스러기
> 이 계절의 입맞춤이 가장 가깝다
>
> 눈물이 피땀을 만나고 있다
> 포만에 만족한 망나니나
> 배고픔을 못 이기는 우두망찰은

나를 싫어하는 쓸쓸함이다
떠난다는 말보다 사랑한다는 말
가시면류관을 올리고 기도를 한다

낙엽 때문에 사그락거리는
사랑을 채우지 못한 고백
밟고 가는 것을 어찌 사랑이라 하랴
그렁그렁한 눈물로 달군 내 마음
벌판 가득 집 짓는 사람들이
햇살의 산란 위에 이야기로 뻗어간다

- 「가을 이슬」

계절로 쳐서 애상성이 강하게 느껴지는 계절이 가을인 것은 통상 감정의 하나일 것이다. 우리는 구르몽의 '낙엽 밟는 소리…' 쯤을 줄곧 되뇌면서 청소년기를 보내지 않았던가. 여기에다 '이슬'을 더하니 '여름 이슬'과는 달리 왠지 모를 한기가 느껴지는 것도 사실이다.

꽃가루 사이사이 돋아난 은하수가

그런 터에 작품 「가을 이슬」은 "입맛으로 넘실대는 들녘"으로 시작하고 있다. 결실의 계절은 한편으로는 조락의 계절이기도 하니 시절로 쳐서 '가을'은 표현이나 의미 짓는 일이 자못 풍성하기만 하다. 그래서 시인은 들녘에 가득한 '오곡백과'를 두고 입맛으로 넘실댄다고 했을 것이다. 실에 있어서 가을의 계절 미감은 황홀하다는 말이 마땅할 것이다. 그리고 성경에서 읽었던 '오병이어'란 예수께서 일으킨 기적 중의 하나인데 예수가 다섯 개의 떡과 두 마리의 물고기로 현장의 5천 명을 먹였다는 데서 유래한 것이다.

종종 기독교 미술에서 그리스도는 '베시카 피시스'라는 타원형 안에 들어있는 물고기 모양의 이미지로 묘사되곤 한다. 한데 기독교 미술에서 예수 등 성현들의 머리 뒤에 후광aureola을 받친 수직 방향의 베시카 피시스 모양으로 감상 했던 것이다. 예수의 오병이어의 이야기처럼 기독교와 물고기는 여러모로 연관성을 보이는 사물이면서 베시카 피시스는 고대 메소포타미아, 아프리카, 아시아 등지에서도 잘 알려진 익숙한 도형이었다. 예수께서 행하신 기적의 한 품목인 오병이어를 끌어내어 인간이 이룬 들녘의 결실을 오병이어에 비길 것이냐고 반문한다.

그러면서 이삭 줍는 세상이나 남겨진 빵부스러기 등속이 이 계절의 입맞춤이 이에 잘 어울린다고 하였다. 이제 시절은 그간의 눈물이 '피땀'과의 조우에 이어지면서 그것이 어찌 "포만에 만족하는 망나니냐/배고픔을 못 이기는 우두망찰"일 것이며 여기에 더해진 '쓸쓸함'이 화자가 가장 싫어하는 말임을 어찌 놓칠 것인가. 요컨대 "떠난다는 말보다 사랑한다는 말"을 강조하여 들려주는 화자는 다시금 '가시면류관'을 머리 올리고 기도를 하는 것으로 자신의 자별한 언어에 도달하고 있다. 가을은 어느 의미로 봐도 '낙엽'의 계절이다. 그리고 채우지 못한 사랑의 미련을 고백하기에도 더없이 안성맞춤이다.

왠지 애상성이 선율처럼 흐르는 계절에 낙엽을 밟으며 음유하는 시인이 자신의 마음을 달구고 그렁그렁한 눈물까지 보이고 있다. 낙엽 밟듯 산책하면서 흘리는 눈물에다 벌판 위에 집 짓는 사람들이 햇살이 산란하듯 넝쿨 같은 이야기로 뻗어가면서 작품은 마무리에 들고 있다. 작품에서 '가을 이슬'이 의미하는 바는 사랑하는 마음을 채우지 못하고 눈물 그렁그렁한 미련이 햇살의 산란에 이어지고 가시면류관 위에 기도하는 화자의 마음을 웅숭깊은 정조로 받아 작품은 많은 것을 함유한 방향을 독서하게 한다.

> 어떤 수식어도 하이에나처럼
> 잔인하거나 낯선 것들뿐이어서
> 메마른 광야에 나가
> 파쇄해야 하는 자갈이라도
> 쇠꼬챙이로 무두질하는 그런 일이었다
>
> 귀찮은 일을 쓸어내릴라치면
> 한줄기 소낙비라도 쏟아져야 하고
> 조각상처럼 굳어진 고해성사가 필요하고
> 그럴 때 어깨는 흐물거리는 아메바가 되어
>
> 덤빌수록 헤어나지 못한 미로에서
> 북장구처럼 햇살 두들겨가며

생각 그 뒷자리엔
불안감이 이리떼처럼 엄습하곤 한다
하염없이 뿌린 소금 같은 미소
역겨웠는지 곁에 선 나무들이
연신 헛기침을 한다

나무는 누구에게나 무표정하다
소낙비는 언제나 무자비하다
나뭇잎은 매 순간 소낙비를 부르고
그래서 모성이 가득한 산천은 싱그럽다

심장이 멈춘 다음 세상은 어둡다
난타 리듬을 따라 대지는 춤춘다
그 표면을 두들겨가며
스멀스멀 손 흔드는 윤슬의 웃음이여

어둠의 내면 깊숙이 강물이 누웠다
누룩처럼 아무렇게나 잎새는 뒹굴고
어제는 오늘을 흐르는 물길일 뿐
꽃가루 뿌리는 사이사이 은하수가 돋았다
- 「나뭇잎을 생각하며」

시인은 작품 「나뭇잎을 생각하며」에서 "어제는 오늘을 흐르는 물길일 뿐"이라고 한다. 그러면서 자갈이라도 파쇄하고 쇠꼬챙이 무두질도 서슴지 않는 광야에 별무리가 돋았다는 것이다. 사뭇 어리둥절한 상황이다.

「나뭇잎을 생각하며」에서 화자는 표현상의 '수식어'를 극도로 싫어하는 사람으로 드러난다. 요컨대 "하이에나처럼/잔인하거나 낯선 것들 뿐"이라 한 부분이나 그런 것을 밝힌 다음에야 메마른 광야에 나가 자갈을 파쇄하고 쇠꼬챙이 무두질을 아무렇잖게 선언한 것 등이 자연스럽게 개진되고 있다. 우리는 살아가는 일에서 이같이 귀찮은 수많은 일을 만나며 살아간다. 그리고 막상 그 같은 일들과 마주쳤을 때 한 줄기 '소나기라도' 쏟아져야 쓸어내릴 수 있다고 했고 "조각상처럼 굳어진 고해성사"또한 필요하다는 것이다.

 이러다 보면 "어깨는 흐물거리는 아메바가" 된다 하였고 이같이 하다 보면 기진맥진한 상태가 오고 이런 상황에서 조각상을 제시하고 그만큼 견고한 심성을 빚을 수 있다는 것, 그것은 다름 아닌 "덤빌수록 헤어나지 못한 미로"에서 비롯된 일이었고 짐짓 "북장구처럼 햇살 두들기는" '생각 그 뒷자리'가 이리떼 같은 불안감으로 엄습하곤 했다는 것이다. 그러나 '소금 같은 미소'가 하염없이 흩뿌려진 자리는 어디이고 그걸 지켜보느라 얼마쯤 나무 또한 역겨웠을까를 상상 중에 그려보게 한다. 그러면서 '연신 헛기침'을 했다는 자리에 오면 궁금해지는 것이 있다.

 여전히 상황과의 연결은 순탄함을 벗어난 상태인데 비유컨대 발을 내디딜수록 더 깊이 빠져드는 수렁 같은 일을 만났을 때가 바로 이 같은 경우가 아니었을까. 나뭇잎을 생각하는 화자는 먼저 무표정한 '나무'에게로 옮겨간다. 그리고 느닷없이 귀찮은 일을 만났을 때가 이같았다기 보다는 기다리던 소낙비마저도 무자비하다고 한 것이 더 어울리는 일이 아닌가 싶다. 그러면서 "나뭇잎은 매 순간 소낙비를 부르고/그래서 모성이 가득한 산천은 싱그럽다"고 한 것이다. 긴 설명이 불요하게 무서운 상황에 빠졌을 때를 벗어나기 위한 본래적인 몸부림 같은 것이 이 같은 구조요청에 이른 것은 아닐까를 생각하게 한다.

쟁반만 한 태양이 이빨처럼 돋아나

요컨대 모성이 가득한 싱그러운 산천은 그리워한 쪽으로 방향을 잡아 이 세상의 생명현상을 흘려보냈을 것이고 이는 인식 여하에 따라 극과 극을 달리는 경우 또한 이리 상정할 수 있음이다. 거기에다 살아있을 때는 그러지 못할 때에 비해 명암 또한 정반대인 것은 물론이라는 것이다. 그리고 그 같은 사실을 설정하여 심장이 멈춘 다음의 세상을 어둡다 했을 것인데 그것을 벗어나기 위한 통과의례라도 되는 양 "난타 리듬을 따라 대지는 춤춘다"고 하였던 것이다. 그리고는 그리 두들긴 표면에서 '윤슬의 웃음'이 스멀스멀 손을 흔드는 형국에 다가섰다는 것이다.

작품은 대단원에 들면서 어둠의 내면 깊숙이에 강물이 되어 누워있다는 것이 오늘을 흐르는 물길이라는 것이고 빛바랜 누룩처럼 잎새 또한 아무렇게나 뒹구는 자리에서 비로소 인식하게 된 것이 바로 "어제는 오늘을 흐르는 강물일 뿐"이라는 것이었다. 그리고 "꽃가루 뿌리는 사이사이에 은하수가 돋았"었고 그리하여 그 어떤 수식어도 하이에나처럼 낯선 것일 뿐이라던 화자가 나아간 곳은 그 모두에서 벗어나 꽃가루 뿌려진 사이사이에 은하수를 바라보는 희망의 언어로 작품은 마무리에 나아간다.

    대꾸 없이 돋아난

    풀잎들

    가슴 속

    꽃잎들이 이웃하여

    흔들리던 바람에

    꽃 진 자리를 씻어내고

    어린 아이 이빨처럼

    돋아난 쟁반만 한 태양을

    유리창은 일도 없이

아침마다 꺼내온다

  　　　　　　　　　－「꽃잎들의 일출」

 자연에 미만한 사물들이 언제는 주위 상황에 반응하고 대꾸하면서 싹트기라도 한다던가. 자연은 말 그대로 표정도 소리도 없이 언제 어디서든 때를 맞춰 저 혼자서 삼라만상을 상 차려내는 자별함을 보인다.

 그런데도 그 하나하나를 들여다보면 그 모두가 깊은 침묵 속에서 흔들리는 바람처럼 살아났다는 생각이며 이웃하여 어우러진 서로의 자리에서 풀잎이나 꽃잎들을 아무렇잖게 만날 수 있다. 그러나 자연 현상은 미미하다 싶은 꽃잎으로부터 '일출'을 끌어내기도 하고 이전에는 생각도 할 수 없었던 새로운 세계를 그 같은 방식으로 열어간다고 보아왔다. 그리고 이 같은 것들을 현실에서 볼 수 있었다고 해도 시인은 언어를 통한 가시적인 가능 세계로 그 모습을 옮겨온다.

 그리 보면 시를 창작하는 일도 그 자체로는 현상과 실체를 제작자의 의중을 드러낸 신세계의 창조작업과 맞먹는 일이다. 시인의 언어적 창조력은 이같이 자연 현상 이후의 일이어서 그 자체로도 하나의 특이 사항이 되기에 충분하다. 그리하여 시인의 언어가 나아간 거기에는 노상 꽃진 자리에서 이전의 일들을 씻거나 지워내고 "어린아이 이빨처럼/돋아난 쟁반만 한 태양"을 눈여겨 바라보게 한다. 그리고 그 같은 일은 그럼에도 하나도 힘들이지 않고 "아침마다 꺼내"오는 '유리창' 속의 반복된 일상처럼 진행되고 이 같은 이동을 통해 신통하다 싶게 이에 맞는 시적 표현이 상 차려지는 것이다.

  꽃잎의 개화현상을 일출로 포착한 이남근 시인의 탁월한 시적 서정성이야말로 이에서 연유한 웅숭깊은 은유 하나를 선보인 셈이다.

    마치 무중력 상태의 진공관처럼
    시간은 살아 있어도 맥박을 모르지

    천재 바보처럼 히쭉거리는
    당신의 시간부터 엿보기로 했다
    넘치게 일렁거리는 긴장감만
    잠길 것 같은 시공이 뭐 그리 대수라던가

    먼지는 쌓이는 즉시
    시간을 넘어 돌멩이로 남는다

    기다림도 가늘어져 숨소리만 남는다
    햇빛 하나 남기지 않는 어둠이
    간헐적으로 돌멩이를 굴리는 시간이다

    소금으로 절인 물길을 내고
    짜디짠 기억들이 지나고 있다
    가지마다 눈 뜬 것은 바람뿐이고
    후회도 기쁨도 아닌 이곳

공놀이하던 고향이 가까이 있다

아무렴 지옥에나 가자 했는데
미라처럼 말라서 푸석거리는 기억이면
시간은 언제라도 저장식품을 닮았다.

눈물이 된 순간순간들
지금 내 가슴은 누구보다 뜨겁다
　　　　　　　　　　　　　-「넘치는 비망록」

　'비망록'은 말 그대로 어떤 일을 잊지 않기 위해 준비한 메모를 두고 하는 말이다. 작품 제목이「넘치는 비망록」이라 하였으나 '넘친다'는 말에서 우리는 작품 속의 자못 넉넉한 여러 생각들을 헤아려야 할 것 같다.
　현실에서 잊지 않기 위해 마련한 것이 비망록이라고는 해도 넘친다는 표현에까지 연결하는 것이 우리네 일상이라면 그건 넉넉하다는 말 외에 달리 떠오르거나 언급할 말이 없다. 그리고 여기에다 접목할 것은 마냥 비좁거나 졸리지 않아서 좋다는 생각인데 우리 생의 시간에서 그 흐름을 맥박처럼 감지하거나 예측할 수 있다면야 별무상관이지만 그렇지 못하다는 데에 '비망'의 필요성이 커지는 것이다. 어디선가 읽었던 일인데 현대인의 다사다망은 잔뜩 쫓기는 일에서 비롯된 것으로 그러다 보니 자신의 이름 석 자도 더듬거리게 된다는 말을 실감하면서 읽은 일이 있다.

틈을 문 입에 꽃 같은 망부석이라

　우리가 저마다에게 배당된 시간을 가닥 쳐서 주도적으로 운용하자고 그에 필요한 메모를 채우는 것이고 바로 그 일을 비망록에 올리는 것이아니겠는가. 작품에서 우리는 '무중력 상태의 진공관' 같은 것을 읽었는데 이는 그 자체로는 시간마다 무슨 감정이나 감촉 같은 것을 예비된 어떤 것으로 이르는 말이다. 또한 그것을 배당받아 누리고 생활하는 자리에는 메모를 이용하는 사람에 따라 천양지차라는 것을 스스럼없이 풀어내고 있다. 우리 모두는 당초 신에게 부여받은 시간은 누구에게나 동일하지만 그것은 운용하기에 따라 하늘과 땅처럼 얼마든지 다르다는 데에 메모의 필요성이 커지는 것이다.

　작품에서 시인은 비망록을 두고 "천재 바보처럼 히쭉거리는/당신의 시간부터 엿보기로" 한다면서 넘치게도 일렁거리는 긴장감에 잠길 것 같다고 하였고 이 같은 시공을 두고 '뭐 그리 대수라던가'를 반문하고 있다. 이 자리에서 '시공'은 우리가 숨 쉬고 살아가는 '현실'을 곧이곧대로 발언하는 것이라 하겠다. 그리고 "먼지는 쌓이는 즉시/시간을 넘어 돌멩이로 남는다"는 시구 등에서 많은 것을 유추하게 된다. 비망록에 담긴 시간의 항목에는 기다림의 시간도 저정되어 있었지만 이들마저도 숨소리만 남는 시간에 도달하는 상황이면 햇빛 하나 남기지 않는 간헐적인 '어둠' 저 너머의 시간이 "돌멩이나 굴리는 시간"으로 바뀌고 있다.

그러면서 '먼지'만한 시간의 항목들을 '돌멩이'처럼 커져 있는 시간으로 이동하여 읽게 한다. 그런 의미에서 주도면밀하게 세웠던 계획들을 하나하나 실행에 옮기는 자리는 늘상 소금이 낸 물길을 타고 "짜디짠 기억들이" 우리네 시간 위에 눈 뜬 '바람 뿐'이라 할 만큼 세상에 보내는 반응은 나뭇가지를 흔드는 정도로 대수롭지 않는 희로애락은 아닐까 싶기도 하다. 살다 보면 살아가는 일에 대한 회한이 크고 후회도 기쁨도 아닌, 넘치게 기재한 비망의 품목들을 소유한 것이 무엇보다 중요한 것이 아니겠는가. 그래서인가. 그 시절 공놀이하던 자리에서 유년이 떠오르고 '지옥'이 연상될 만큼 고통스런 것들마저 "미라처럼 말라서 푸석거리는 기억" 위에 수렴되는 것이 많음을 알 수 있다. 그리고 이처럼 비망록에 기재된 시간들은 '언제라도 저장식품을 닮았다'는 표현처럼 우리 자신에게 내장된 요긴한 것이기 십상이며 이 같은 표현은 그 자체로 탁월하다는 생각에 이르게 한다.

비망록으로 헤쳐온 시간들은 그들 하나하나를 거쳐올 때마다 '내 가슴'이 뜨겁다고 한 이유를 알게 하고 이들은 비망록을 따라 얼마나 치열하게 실행에 옮길까를 보여주는 대목까지가 우리가 읽었던 '넘치는'이라는 동사적 상황임을 이내 인식하게 된다.

> 아이들은 어미의 자궁이 비좁다 하고

나그네는 흐르는 물에도 멱 감는 일이 없다
축구공은 운동장을 구르고 굴러도
끝날 줄 모르는 게임에 묶여 있고
그래서 그런다던가
불꽃 같은 그리움에 블랙홀만 가득하여
입 벌린 맨홀을 열어 허공의 배꼽 부근에
내가 들어설 틈은 있을까 하여
눈 씻고 찾아도 그 무엇도 없었다

여백이 문처럼 틈을 열어 주면
두 날개 활짝 창공을 나는 새들
바람은 가슴 펴고 우주를 호흡하고
꽃들 곁에서 구경하던 사랑을
십자가처럼 가파른 골고다 언덕을 오르다 말고
삐거덕 문처럼 열어제쳐 주위사방을 본다

대체로 외로움은 광야에서 온다지만
흐르는 강물에도 외로움은 흐르는 것이어서
그리움 찾는 빗줄기 속을 걷다 보면
틈 하나에 틈 사이로 드리운 세월은
그걸 그림자 같다 하거나 아니면
입에 틈을 문 꽃 같은 망부석이라 하다

- 「틈」

작품 「틈」은 이남근 시인이 자신의 시적 역량을 도드라지게 담아낸 작품 중의 한편이다. 우리가 읽었던 이남근 시인의 '틈'에의 문학적 언술은 사물에 대한 인식적 현상에 두루 걸쳐져 있다. 작품은 시작부터 "아이들은 어미의 자궁이 비좁다 하고/나그네는 흐르는 물에도 멱 감는 일이 없다"고 했다.

비좁은 자궁에서 태어난 우리네는 미상불 흐르는 물에도 멱 감는 일이 없는 나그네의 처지로 살아가야 하는데 이는 '틈'에의 은유를 통해 선명하게 인지한다. 이때 '축구공'을 굴리면서 벌이는 끝날 줄 모르는 '게임'처럼 오래도록 운동장을 누벼도 "불꽃 같은 그리움에는 불랙홀만 가득하"다는 것이 작품에서 보인 화자의 생각이다. 그러니까 '불꽃 같은 그리움'이 불랙홀만 가득하다는 표현에 와서 우리는 어떤 의도와 닿아있는 생각 하나를 읽을 것 같다. 작품은 "내가 들어설" 틈을 찾아 "입 벌린 맨홀"을 열었다는 것이 그 큰 줄거리이다. 그리고 그곳에는 "내가 들어설 틈은 없을까 하여" 진입했고 그럼에도 "눈 씻고 찾아봐야 그 무엇도 없었"다는 것이 세부적 항목인 것이다.

생수 한 모금 같은 생의 온기들!

그러면서 틈을 향한 자신의 생각들을 시적으로 다가간 웅숭깊은 언술을 만날 수 있다. '틈'을 사전적으로 보면 "벌어져 사이가 난 자리", "모여있는 사람의 속", "어떤 일을 하다가 생각 따위를 다른 데로 돌릴 수 있는 시간적인 여유" 등을 이른다고 설명하고 있다. 이들 세 가지의 개념을 두루 시적인 표현으로 치환한 작품이 위의 「틈」이다. 대저 '여백'이 문처럼 열어 준 틈에 "두 날개 활짝 창공을 나는 새들"이나 "가슴 펴고 우주를 호흡하"던 바람으로 "꽃들 곁에서 구경하던 사랑을" 가파른 골고다 언덕을 오르는 십자가처럼 '삐거덕' 열어제쳐 주위 사방을 조망하듯 물 흐르게 한다.

요컨대 틈이 열려서 광활한 사방 천지에서 얻은 세상이 이같이 읽히는 것은 시적 의미의 현상적 확대에서 찾을 수 있는 일이다. 이 모두가 틈을 열고 세상에 나온 우리 자신만의 확보된 공간을 인식적 현상들로 바꾼 결과이다. 여기에서 말하는 '외로움'이란 실은 틈에서 흘러나온 심정적 현상이라 할만하고 그것을 '광야'와 연결시켜 "흐르는 강물에도" 흐르는 틈이 있다면 그것이 바로 외로움이 아니겠는가. 그리고 그 같은 외로움을 찾는 '빗줄기 속을 걷다 보면' "틈 하나에 틈 사이로 드리운 세월"을 만날 수 있다는 것이다. 화자는 이를 두고 "그림자 같다거나" "입에 틈을 문 꽃 같은 망부석"이라 하면서 우리가 독서한 작품의 마무리까지의 시적 의미항에는 틈을 그림자로 표현한 것 등도 읽을 수 있었는데 이들이 바로 이 작품이 보인 탁월한 은유로 읽히는 것이다.

해설에 올린 여러 작품의 독서 외에도 양탄자처럼 이 남근시인이 아름다운 언어적 무늬를 짜 넣은 작품들 몇 편을 들여다 본다. 부연할 필요 없이 이들은 한눈에 그들만의 언어적 문양들을 아름다움 가운데서 읽을 수 있었다는 의미이다.

> 달력 속에 숫자들이 찢어지고/직립한 나무에게 바람을 남발하면/거기에서 너덜거리는 내 몸은/뭇별들의 머리 머리를 세고 있는 중
>
> － 「나무와 소」

> 난 아무것도 모른다/내가 이곳에 왔거나 사는 건/무턱대고 정착한/어느 날부터의 일이었다//경험하지 못한 것은 언제나 낯설었다/언어로만 존재할 불가해한 것들 뿐이었다/바벨탑이 하늘 높이 올라가는 날도/더 이상의 깃발은 게양할 수 없었다
>
> － 「낯선 외계인」

> 새치를 뽑듯/전하지 못한 전설을 뽑아내고/가벼운 공간에 걸친 태피스트리는/풀리지 않는 삶의 의미를/올록볼록 요철로 각인하거나 직조하고 있다
>
> － 「베틀 각인」

울타리를 감아 오르던 줄장미가 어느 쪽이 먼저랄 것 없이 서로가 서로에게 엉겨드는 것을 볼 때마다 언어끼리 어울린 생각의 유희를 새삼 그려보게 한다. 어떤 놈은 오른쪽으로 엉기고 어떤 놈은 왼쪽으로 엉기면서 서로가 서로를 보듬는 결과를 만들고 만다.

그러다 보니 어느 놈이 어느 놈을 보듬은 지를 신경 쓸 겨를도 없이 언어는 깊은 한 덩어리의 독자적 세계를 이

루어간다. 서로에게 기대고 감아 오르고 엎어지다 보니 상호 간에 신세 지듯이 한 덩이로 어울린 게 분명한데 이제는 그 하나하나를 허물거나 뚫을 수 없는 촘촘한 밀도가 작품에 담기고 있다. 서로가 서로를 넘나들거나 엉겨서 군건한 한자리가 되었으니 그것은 우선 보기에도 좋았지만 그 향기가 가히 넘사벽이다. 이남근시인의 시어들은 줄장미들처럼 서로가 서로에게 촘촘히 엉겨서 해체할 수 없는 장미덩굴로 형상화 되어 있다. 그 은은한 시의 줄기가 향기의 형태로 얼마나 멀리 뻗어나갈지가 자못 궁금하고 그래서 우리는 이를 오래도록 지켜보려 한다.

앞에서도 언급했지만 멕시코 시인이자 노벨문학상 수상자이기도 한 옥타비오 파스는 자신의 저서 『활과 리라』에서 "시는 앎이고 구원이고 힘"이라면서 시의 기능은 "세상을 변화시키는 것이며 시적 행위는 본래 혁명적인 것이면서 정신의 수련으로서 해방의 방법"이라고 설파한다. 여기에서 우리가 눈여겨 볼 수 있는 시적 아우라는 궁극적으로 제시한 '혁명적인 것이면서 정신의 수련으로서 해방의 방법'이라는 대목이다. 우리가 밤잠 줄여가면서 시의 언어를 고르는 것은 가장 치열한 자기 확인 내지는 확충의 일환이며 그 같은 것들이 우리가 서로에게 건네는 생수 한 모금 같은 생의 온기가 아닐까 싶다. 그런 의미에서 이남근 시인은 옥타비오 파스의 시론을 자신의 시에 꽃을 피우듯 꼼꼼하게 직조한 듯이 보인다.

시인의 화법은 꽃의 미소인 것도 같고

이남근 시인은 이번 시집을 통해 생수와 온기의 시학으로 틈새를 열고 세상을 충실히 읽어내는 중이라고 여겨진다. "십자가처럼 가파른 골고다 언덕을 오르다 말고/삐거덕 문처럼 열어제쳐 주위사방을 본다"는 「틈」에서처럼 시인의 화법은 꽃의 미소인 것도 같고 저 하늘을 높이 나는 새들의 날갯짓이나 노래인 것도 같다. "소금으로 절인 물길을 내고/짜디짠 기억들이 지나고 있다/가지마다 눈 뜬 것은 바람뿐이고/후회도 기쁨도 아닌 이곳/공놀이 하던 고향이 가까이 있다//아무렴 지옥에나 가자 했는데/미라처럼 말라서 푸석거리는 기억이면/시간은 언제라도 저장식품을 닮았다//눈물이 된 순간순간들/지금 내 가슴은 누구보다 뜨겁다."를 노래한 「넘치는 비망록」에서 시인의 시적 예언이 아포리즘적으로 독자의 가슴을 노크하고 있다.

그러나 한편으로는 시인이 넌지시 건네는 시어의 암시가 오다가다 마주치면 손잡고 나누던 너와 나의 안부가 이 같을 것도 같다. 그러면서도 시를 쓰고 읽는 우리에게 더 이상 무엇이 더 필요하랴 싶어 저녁 시간에 뜰에 나가면 우리의 몸은 온통 삼라만상과 연대한 교감의 이슬에 젖곤 한다. 시란 처음도 나중도 한결같이 이런 것이다.